고양이님,
저랑 살만
하신가요?

이렇게 읽으면
더 잘 이해된다냥

※본문 중간에 나오는 작고 파란 글씨는 바로 앞 내용에 대한 보충 설명이에요!

※본문 중에 표시된 ➡ 더 알아두라냥❶ 의 번호를 따라가면 좀 더 심화된 정보를 읽을 수 있어요!

10년차 집사이자 수의사가 말하는
반려묘와 삶을 공유할 때 살펴야 할
현실 반려 팁

고양이님, 저랑 살만 하신가요?

이학범 지음

팜파스

작가의 말

안녕하세요. 현재 10살이 넘은 고양이 루리와 함께 살고 있는 수의사 이학범입니다. 루리와는 제가 수의과대학 학생 시절 동네 동물병원에서 실습을 할 때 처음 만났습니다. 당시 태어난 지 10일도 채 되지 않아 눈도 못 뜬 루리를 한 주민 분이 주워서 동물병원으로 데려온 것이 첫 만남이었습니다. 루리의 모습에서 뭔가 짠함을 느끼고 있던 순간, 동물병원 원장님께서 "학범아, 네가 한 번 키워 볼래?"라고 말씀하셨고 저는 그날 바로 루리를 집으로 데려왔습니다. 고양이는 자신을 돌볼 집사를 선택한다는 말이 있는데, 아마 저도 그날 루리에게 선택된 것 같습니다.

루리를 처음 본 부모님은 "개도 키우고 있는데 고양이까지 데려오면 어떻게 하냐.", "무서운 고양이를 왜 집으로 데려 오냐."며 저를 혼내셨습니다. 하지만 루리를 키우면서 고양이에 대한 부모님의 선입견이 없어졌고, 나중에는 오히려 길고양이 밥까지 챙겨주는 분들이 되었습니다. 고양이의 귀여움과 매력에 '고양이＝요물,

길고양이=무서움'이라는 선입견이 깨진 것이죠.

  당시 고양이를 처음 키워봤던 저는, 수의과대학 학생이었음에도 고양이의 모는 것이 신기했습니다. 그리고 예비 수의사라는 신분이 무색하게 루리를 키우면서 고양이에 대해 몰랐던 것을 하나씩 알게 되었습니다. 조금씩 고양이 집사가 되어갔던 것입니다.

  그렇게 우리 집에 온 루리가 벌써 10살이 되었습니다. 이제는 예전처럼 새벽에 우다다도 하지 않고, 거의 하루 종일 잠만 자는데다가, 아픈 곳도 늘어나고 있습니다. 그런 루리를 보면서 '루리가 곧 내 곁을 떠나지 않을까' 하는 걱정이 듭니다.

  이 책은 그런 루리를 위한 선물입니다. 우연한 기회에 루리와 우리 가족이 인연을 맺었고, 그를 통해 부모님과 제가 하루아침에 고양이 집사가 됐습니다. 루리는 우리 가족에게 너무나도 많은 추억을 안겨주었습니다.

처음 고양이 관련 책을 써보는 게 어떻겠냐는 제안을 받았을 때, 저보다 다른 분이 적합할 것 같다며 거절하기도 했었지만, 이제 나이가 점점 들어가는 루리를 위해 루리와의 에피소드를 담은 책을 써보면 좋겠다는 판단이 들어 여기까지 오게 됐습니다.

루리와의 에피소드를 전함과 동시에 고양이에 대한 기본적인 상식이나 정보, 그리고 고양이에 대한 잘못된 선입견을 풀어주기 위해 노력했습니다.

〈고양이님, 저랑 살 만하신가요?〉라는 책 제목도 "고양이는 외로움을 안 타니까 혼자 둬도 괜찮아.", "고양이는 먼저 다가오지 않으니 놀아주지 않아도 괜찮을 거야."와 같은 고양이의 습성과 성격에 대한 오해를 풀고, 내 고양이가 진짜 원하는 것이 무엇인지 살피는 노력이 필요하다는 걸 알려드리기 위해 정해 보았습니다.

이 책이 고양이를 처음 키우는 초보 집사들, 그리고 고양이에 관심이 많은 분들에게 조금이나마 도움이 되길 바랍니다.

책 집필에 도움을 수신 분들이 정말 많은데요, 한 분 한 분 모두 이 자리를 빌려 진심으로 감사의 말을 전하고 싶습니다.

그리고, 책을 쓰는 동안 먼저 하늘나라로 가신 아버지께 이 책을 바칩니다.

 차례

4 작가의 말

Chapter 01 나의 동거묘, 루리를 소개합니다

14 어느 날 갑자기 가족이 되다
22 개와는 다른 고양이의 매력에 적응하다
26 고양이라면 화장실이며, 세수며 뭐든지 척척!
33 우리 가족이 루리의 사냥 본능에 적응하는 법
39 모든 고양이를 루리처럼 사랑하게 되다
44 소중한 가족, 루리를 위한 선물

47 • 더 알아두라냥

#냥줍 #고양이의 눈 #고양이 이름 짓기
#고양이의 꿈 #우다다 등

Chapter 02 — 고양이와의 동거수칙 1
내 고양이, 사람하고 동거는 처음이라 적응이 필요해

58 고양이, 다른 동물을 만나다
64 나 말고 다른 고양이가 또 있다니!
72 낯선 사람과는 조금 천천히
77 고양이와 아기의 조합, 오해하지 마세요
83 그루밍을 해도 더위가 가시질 않아
86 나이가 들어가는 고양이와 산다는 것은

95 • 더 알아두라냥

#고양이의 산책 #아기와 고양이 #급식 방법
#사료 선택 #노령묘 질환 등

Chapter 03 — 고양이와의 동거수칙 2
고양이와의 동거, 사람에게도 적응이 필요해

112 고양이는 작은 개가 아니다
117 고양이를 위한 배려, 고양이 친화 병원 알아두기
122 서로를 위해 꼭 필요한 이동장 적응 교육
128 길고양이가 눈에 들어오기 시작했다면, 당신은 진정한 집사
137 털 빠짐과 스크래치를 받아들이는 마음가짐
141 고양이도 높은 곳에서 떨어진다고?
144 나의 흡연으로 내 고양이가 아플 수 있다면

147 • 더 알아두라냥

#동물등록제 #고양이 교육법 #캣맘의 기본 수칙 #원헬스 등

Chapter 04
묘한 동거, 동거묘와 나의 생활 공감지수 높이기

- 156 폭발적인 호기심에 놀라지 말 것
- 160 고양이에게 긁을 곳은 필수!
- 166 고양이의 이갈이에 놀라지 않으려면
- 170 캣닢 하나면 행복해질 수 있다니
- 175 따뜻한 곳은 좋아하지만 뜨거운 음식은 못 먹어
- 179 까칠한 데엔 이유가 있다
- 182 나의 푹신함을 확인할 기회! 꾹꾹이
- 186 물 마시고 화장실 가는 것도 고양이스럽게
- 191 오드아이 고양이에 대한 오해
- 194 같이 사는 서로를 위한 선택, 중성화수술
- 202 내 고양이의 혈액형은 무엇일까?
- 207 털털한 일상에 익숙해지기
- 212 집 나가는 동거묘 단속하기

215 • 더 알아두라냥

#고양이 수염 #발톱 자르기 #하부요로계 질환 관리
#고양이의 생리 #고양이의 수혈 등

Chapter 05 반려묘와 집사, 우리가 함께 살아간다는 것

232 고양이는 잘 안 아프던데요?
234 고양이 집사는 사회성이 떨어진다구요?
238 고양이도 외롭습니다
243 내 고양이는 충분히 놀고 있을까?
248 고양이의 행복을 위한 환경풍부화를 알아두세요
256 고양이와의 이별, 안락사, 그리고 펫로스 증후군
265 이별, 그리고 새로운 만남에 대하여

267 • 더 알아두라냥

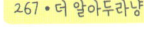

#정기건강검진 #애니멀 호딩
#동물행동풍부화와 환경풍부화 #펫로스 등

Chapter_01

수의사와 유기묘 루리가
진짜 가족이 되기까지의 이야기

나의 동거묘,
루리를
소개합니다.

어느 날 갑자기
가족이 되다

지금 집에서 당당히 서열 1위를 차지하고 있는 코숏 삼색이 '루리'는 2008년에 우리 가족의 품으로 왔습니다. 제가 수의과대학 본과 2학년이었던 여름 방학 때의 일이었지요. 당시 저는 방학을 조금이라도 알차게 보내고자 집 근처에 있는 선배의 동물병원에 실습을 나갔습니다. 당시에는 고양이를 키우는 사람이 그렇게 많지 않았던 시절이었음에도 불구하고, 실습을 나갔던 그 병원은 다른 병원보다 유독 고양이 진료 비율이 꽤 높았습니다. 아무래도 여러 마리의 고양이를 길렀던 원장님의 영향이 컸던 듯 싶습니다.

동물병원 실습 동안 매일 수의사 선배님들의 뛰어난 실력을 보면서 '나도 저렇게 훌륭한 수의사가 될 수 있을까?' 하며 감탄만

하던 어느 날, 진료 마감 시간이 다 되어 한 아주머니가 작은 고양이 한 마리를 데려왔습니다. 아주머니 손바닥에 쏙 들어갈 만큼 작고 귀여운 고양이였죠. 태어난 날을 정확히 알진 못했지만, 눈도 못 뜬 상태인 걸로 봐서 아마 태어난 지 10일도 채 되지 않았던 것 같습니다. 하필 그날은 비가 많이 오던 날이라 그 작은 고양이는 온 몸이 젖어 있었습니다. 그런데 참 신기하게도 불쌍하다는 생각과 함께 그냥 막연히 저와 인연이 될 것만 같은, 설명하기 어려운 느낌을 받았습니다.

아주머니는 원장 선생님께 동물병원에 고양이를 데려올 수밖에 없었던 자초지종을 천천히 설명했습니다. 집 근처에서 고양이 울음소리가 들려서 나가봤더니, 작은 고양이 한 마리가 비를 쫄딱 맞은 채 혼자 울고 있어서 가만히 두면 죽을 것 같다는 생각에 그대로 동물병원에까지 데려왔다고 했습니다. 새끼 고양이를 키워본 사람은 알겠지만 새끼 고양이의 슬픈 울음소리를 무시하는 건 무척 어려운 일이니까요.

> 혼자 있는 새끼 고양이를 발견하고 집에 데려가는 분들이 많습니다. 하지만 이는 위험한 행동일 수 있습니다. 어미가 잠시 자리를 비운 사이에 어미와 새끼를 생이별시키는 것일 수도 있기 때문입니다. ➡ 더 알아두라냥 ❶

그렇게 아주머니는 그 작디작은 새끼 고양이를 가엽게 여겨 동물병원까지 데려왔습니다. 하지만 동물병원에서도 유기동물 또는 유실동물을 모두 받을 순 없습니다. 원칙적으로는 동물병원이 아닌 시청의 동물보호 담당 부서에 연락을 취하는 것이 맞습니다. 그럼 담당 공무원이나 포획업자가 나와 동물을 데려갑니다.

> 동물보호 업무를 담당하는 공무원분들을 동물보호감시원이라고 부릅니다. 하지만 인력부족으로 다른 업무와 동물보호 업무를 같이 담당하는 경우가 많은데다가, 동물보호 업무는 민원이 많기 때문에 힘들어합니다. 오죽하면 동물보호 업무를 담당하는 공무원들에게 '다른 업무를 하지 않고 동물보호 업무만 하면 어떻겠나?' 하고 묻자 대부분의 공무원들이 '싫다'고 답했다고 하니, 어느 정도인지 감이 오시겠지요. 그러니 동물보호와 관련된 일을 시청에 문의했을 때 공무원들의 일처리가 늦고 마음에 들지 않는다고 하여 너무 미워하지는 말아주세요. 그분들의 잘못이라기보다, 아직 동물보호 관련 예산과 인력이 부족한 우리나라의 현실이 문제인 것이니까요. ➜ 더 알아두라냥 ❷

하지만 대부분의 사람들이 유기동물 또는 유실동물을 발견했을 때 시군구청에 문의해야 한다는 사실을 몰라서 우선 동물병원으로 데려오는 경우가 꽤 많습니다. 아주머니처럼 말이지요. 이럴 경우에 수의사들은 정식으로 담당 공무원을 연결해주기도 하지만, 간혹 안타까운 마음에 동물을 그냥 병원에서 보살피기도 합니다. 동물을 좋아해서 수의사가 된 사람들이니 불쌍한 동물을 못 본 척 하는 것이 어렵기 때문입니다. 그래서 웬만한 동물병원에는 '공밥이'들이 기본적으로 한두 마리 이상씩은 있답니다.

'공밥이'란 동물병원에서 생활하면서 공짜로 밥(사료)을 얻어먹는 동물들을 말합니다. 어떤 병원에서는 총무, 실장 등의 직함을 부여하기도 하죠.

원장님께서 아주머니께 병원에서 고양이를 받기 어렵다는 설명을 하려는 찰라, 원장님과 제 눈이 딱 마주쳤습니다. 그러고는 원장님께서 제게 던진 한 마디.

"학범아, 네가 키워볼래?"

그렇게 루리와 저의 인연이 시작됐습니다.
'고양이는 자신을 돌봐 줄 집사를 직접 선택한다'는 말이 있습니다. 고양이 보호자들 사이에서는 꽤 유명한 말입니다. 아마 그때 루리도 저를 집사로 선택하지 않았나 싶습니다. 루리를 처음 본 순간 제가 느낀 그 이상야릇했던 감정은 아마도 루리와 제가 인연이

될 거라는 운명의 느낌이었던 것 같습니다. 그렇게 저는 그날 바로 루리를 집으로 데려왔습니다.

물론 집에는 부모님과 누나, 그리고 반려견 '마니'도 있었습니다. 마니 역시 유기견 출신으로, 루리보다 몇 년 먼저 우리 가족이 되었죠. 동물을 처음 입양하는 분들에게 꼭 하는 말이 있습니다. 동물을 입양할 때는 혼자만의 선택으로 입양을 결정할 것이 아니라 '반드시 모든 가족의 동의가 있어야 한다'는 말입니다. 당연한 말이기도 하지만, 제 경험에서 우러나오는 말이기도 합니다. 저는 그날 가족의 동의를 전혀 구하지 않고 갑자기 루리를 집에 데려왔다가 부모님에게 엄청난 꾸중을 들었으니까요.

부모님은 루리를 보자마자 "강아지도 키우는데 고양이까지 데려오면 어떻게 하냐.", "고양이는 무서워서 쳐다보기도 싫다." 등의 말을 하며 저를 나무라셨죠. 지금의 부모님은 고양이를 무척이나 좋아하지만 그 당시에는 고양이에 대한 일반적인 선입견을 가지고 있었습니다. '고양이는 요물이다.', '모든 고양이는 도둑고양이다.'와 같은 선입견들 말입니다. 심지어 어머니는 '눈이 무서워서 고양이가 싫다.'고까지 말했습니다. 부모님 뿐 아니라 연세가 어느 정도 있는 분들에게 고양이는 선입견 그 자체인 것 같습니다. ➡ 더 알아두라냥 ❸

여하튼 루리는 집에서 초대 받지 못한 손님이었습니다. 하지만 그 작은 생명을 길로 다시 돌려보낼 수는 없으니 그때부터 우리 가족은 어쩔 수 없이(?) 루리 돌보기에 투입되었습니다. 가족 구성원 모두가 집을 비울 때는 구성원 중 한 명이 루리를 데리고 외출해 시간에 맞춰 우유를 먹이기까지 했지요.

'루리'라는 이름은 제가 초등학교 때 키웠던 요크셔테리어의 이름이었습니다. 사실 루리의 뜻은 간단합니다. 이 씨인 제 성을 이어 받아 뭔가를 이루라는 뜻입니다. 하지만 어릴 때 키웠던 요크셔 루리도, 고양이 루리도 이름처럼 뭔가를 이루지는 못하더군요, 하하.

참고로 반려동물의 이름은 두 글자인 것이 좋습니다. 그래야 동물들이 자신의 이름을 잘 기억합니다. 그리고 고양이도 분명히 자신의 이름을 알아듣습니다. ➝ 더 알아두라냥 ❹

뒤에서 다시 이야기하겠지만 그렇게 고양이를 싫어하던 부모님은 아침마다 길고양이들에게 밥을 챙겨주는 캣대디, 캣맘이 되었을 뿐만 아니라, 강아지를 키우고 싶다는 주변 사람들에게 강아지 말고 고양이를 키워보라고 적극 권장하는 고양이파의 일원이 되었습니다. 루리의 매력에, 고양이의 매력에 푹 빠진 것입니다.

당시 저는 수의대 학생이었지만 고양이에 대해 아는 게 하나도 없었습니다. 그저 루리를 데려올 때 원장님이 챙겨준 패드와 고양이용 우유가 제가 가진 전부였지요.

> 고양이에게는 효소가 없어서 유당을 분해하지 못하는 경우가 많습니다. 따라서 사람 우유가 아닌 고양이용 우유(유당분해우유)를 주는 것이 좋습니다. ➡ 더 알아두라냥 ❺

젖병에 우유를 담고 작디작은 루리를 손에 안아 직접 우유를 먹였습니다. 눈도 못 뜬 작은 생명체가 어찌나 세게 젖병을 빠는지, 생명이란 참 위대하다는 생각이 들었죠. 하루에도 몇 번씩 우유를 먹이고 나서 30분~1시간 뒤에는 생식기 부분을 살살 만져 소변과 대변을 보도록 유도했습니다. 그러다가 나중에는 제가 루리를 들고서 생식기 부분을 만져 직접 변기 안으로 대소변이 떨어지게끔 하기도 했었는데, 지금 생각해 보면 루리를 변기에 떨어뜨릴 수도 있는 위험한 행동이었던 것 같습니다.

한 번은 루리가 분유를 먹으면서 냈던 그르렁그르렁(가릉가릉) 소리를 듣고 초보 고양이 집사였던 저는 분유가 기도로 들어가서 내는 고통스러운 소리라 생각하고 크게 놀랐습니다. 수의대 학생이었지만 그게 소위 '골골송'이라는 것도 모르고, 그저 우유가 기도로 들어간 줄 알고 루리가 죽을까 봐 걱정했던 기억이 생생합니다. 그만큼 저는 고양이 집사로서의 준비가 전혀 되지 않은 상태로 일단 루리를 키우기 시작했던 거죠.

고양이는 기분이 좋을 때 자신의 행복감을 표현하기 위해 '가릉가릉' 거립니다. 이게 바로 골골송이지요. 하지만 매우 심하게 아플 때도 골골송을 부르는 경우가 있으니 주의가 필요합니다.

개와는 다른
고양이의 매력에 적응하다

개는 여러 번 오래 키워봤지만, 고양이를 키우는 것은 처음이었습니다. 그러다 보니 자연스레 개와는 다른 고양이의 모습들이 눈에 띄었습니다. 그 중에서도 특이나 달랐던 점은 바로 매우 다양하고도 특이한 자세로 잠을 잔다는 것이었죠.

물론 개도 특이한 자세로 자기는 합니다. 하지만 루리는 제가 키워본 그 어떤 개보다 더 특이한 자세로 잠을 잤습니다. 이불 속에 쏙 들어가 자거나 얌전히 앞다리를 모으고 자는 모습, 식빵자세 등과 같은 보통의 수면자세는 거의 보기 힘들었습니다. 오히려 어딘가에 코를 박고 자거나, 벽 쪽에 바짝 코를 대고 자거나, 허리를 휜 채로 자는 등 마치

요가 동작 같은 자세로 잠을 자곤 했습니다. 어느 때 보아도 신기한 수면자세를 통해 고양이는 참 유연한 동물이라는 걸 다시금 깨닫곤 합니다.

　루리가 잠 잘 때 보여주는 또 하나의 특징은 앞서 말한 골골송입니다. 루리는 자면서 골골송을 부르는 경우가 꽤 많았습니다. 고양이도 자면서 꿈을 꿀 수 있습니다. 루리가 자다가 골골송을 불렀을 때 아마 기분 좋은 꿈을 꿨던 모양입니다. 잠과 관련된 루리의 일화를 얘기하자면 끝도 없을 것 같습니다. 그중에서도 가장 기억에 남는 건 루리가 침대 끝에서 특이한 자세로 자다가 아래로 굴러 떨어진 사건과, 침대 위에서 함께 자는데 갑자기 제 얼굴로 지독한 냄새가 나는 방귀를 뀐 사건입니다. 저는 잠을 꽤 깊이 자는 편인데 이땐 루리의 방귀 냄새에 놀라 잠에서 깨고 말았죠.

사실 저는 어린 시절에 이미 동물도 꿈을 꾼다는 걸 깨달았습니다. 어릴 때 키웠던 페키니즈 '딸기'가 잠꼬대를 하는 걸 보고 놀란 적이 있거든요. 잠꼬대 뿐 아니라 입을 쩝쩝거리거나 침을 흘릴 때도 있었습니다. 심지어 딸기는 자다가 크게 짖은 적도 있었습니다. 자신이 짖는 소리에 놀라 잠에서 깨기도 했죠.

> 개뿐만 아니라 고양이도 꿈을 꿉니다. 고양이의 경우 25분에 1번씩 REM수면이 반복된다는 연구 결과가 있습니다. 고양이가 꾸는 꿈의 종류도 사람과 마찬가지로 다양하며, 잠의 단계도 사람과 비슷합니다. 따라서 고양이가 자다가 잠꼬대를 하거나 골골거리더라도 놀랄 필요는 없습니다. 방귀도 뀌기 때문에 고양이와 함께 있다가 갑자기 악취가 나더라도 이해해 주세요.
> ➡ 더 알아두라냥 ❻

루리는 특이한 자세로 잠을 자는 것뿐만 아니라 사람 배 위에서 자는 걸 좋아합니다. 다른 고양이들도 아마 비슷한 모습이겠지만요. 개만 키워왔던 우리 가족에게는 그런 루리의 모습이 처음엔 무척 신기했습니다. 잠결에 골골송 소리가 너무 커서 깨보면 루리가 제 배 위에서 곤히 자고 있었죠. 제가 숨을 쉴 때마다 배의 움직임에 따라 루리도 올라갔다 내려갔다 하는 모습이 참 귀엽습니다. 사실 저보다는 어머니의 배 위를 더 좋아하는데, 나중에 루리의 몸집이 커지자 어머니가 무거운 루리 때문에 잠에서 깨는 경우도 늘어 났습니다. 현재 8kg에 육박하는 대형 고양이로 자라난 루리가 침대 아래에서 갑자기 어머니의 배 위로 뛰어 올라오니 당연히 잠이 깰 수 밖에 없겠죠.

고양이를 처음 키울 때는 배 위에 올라와서 자는 고양이의 모습에 놀라기도 했지만, 고양이에 대해 알게 되면서 많은 고양이들이 사람의 배를 좋아한다는 사실을 깨달았습니다. 또 루리는 갓 태어났을 때에도 어미의 사랑을 거의 받지 못했기 때문에 사람 배 위에서 골골거리는 모습을 보면, 새끼 때 느끼지 못한 엄마의 품을 사람 배의 온기로 대신한다는 생각이 들어 안타깝게 느껴지기도 합니다.

고양이라면
화장실이며, 세수며
뭐든지 척척!

고양이를 처음 키우다 보면 감동을 받곤 합니다. 바로 대소변을 완벽하게 가리기 때문입니다. 저는 어릴 때부터 개, 토끼, 거북이 등 동물을 꽤 많이 키웠습니다. 대부분 3살 차이 나는 친누나에 의해 동물을 키우기 시작했었죠. 그런데 동물들 가운데서도 특히 개를 키울 때마다 대소변 문제나 행동적인 문제 때문에 골치 아팠던 적이 많았습니다.

지금 생각해 보면 개를 제대로 키우는 법도 모른 채 무턱대고 키웠던 우리 가족의 잘못이 컸습니다. 당시에는 개를 어떻게 키우고 교육하는지에 대해 알지 못했을 뿐더러, 그런 노력이 필요한 것인 줄도 몰랐습니다. 개와 함께 살 준비가 안 됐으면서 일단 귀여우니 개를 키우고 보는 '그 흔한 잘못'을 저지른 것입니다. 요즘에는 동물을 키우기 전에 주인이 가져야 할 마음가짐이나 준비에 대해 강조하지만, 예전에는 어디에서도 그런 말을 들을 수 없었습니다. 그래서인지 개가 대소변을 아무 곳에서 보거나 잘못된 행동을 하면 짜증을 내면서 개를 혼내기에 바빴습니다. 이제는 소위 '잘못된 행동'이나 '문제 행동'이라는 말도 결국 사람의 기준에서 동물의 행동을 바라보기에 나온 말이라는 걸 알게 됐지만 말입니다.

그런데 루리는 누가 가르쳐준 적이 없는데도 모래에서 대소변을 완벽하게 가리는 게 아니겠습니까. 당시 고양이를 잘 몰랐던 우리 가족에게는 대소변을 완벽하게 가리는 루리가 거의 신처럼 보였습니다. "아니, 태어나자마자 우리 집에 와서 어미한테 뭘 배우지도 못했을 텐데 어떻게 이럴 수가 있을까!" 당시 부모님이 가장 많이 한 말입니다. 아마 이 부분이 부모님을 '개파'에서 '고양이파'로 바꾸는 데에 결정적인 계기로 작용한 것 같습니다.

많은 고양이 보호자들이 고민하는 것 중 하나가 바로 고양이 화장실과 모래입니다. 이 부분은 뒤에서 다시 자세히 설명하도록 하겠습니다. 재미있는 것은 지금 루리는 화장실과 모래를 사용하지 않는다는 사실입니다. 교육을 통해 고양이가 양변기를 사용하게 할 수 있다는 정보를 입수한 저는 루리에게 약 3주에 걸쳐 변기 사용법을 교육했습니다. 하지만 결국 루리는 변기 사용에 실패하고 말았습니다. 대신 루리는 화장실 하수구 입구에 대소변을 봅니다.

때문에 루리에게는 더 이상 고양이 화장실과 모래가 필요 없게 되었습니다. 양변기 사용 교육에는 실패했지만 모래 비용을 아끼게 되었으니 이것도 성과라면 성과겠죠. 아, 집의 사막화 현상(고양이가 화장실을 사용한 뒤 고양이 발에 모래가 함께 묻어나와 집안에 모래가 굴러다니는 현상)도 막을 수 있게 되었으니 성과임이 확실합니다.

대소변을 완벽하게 가리는 것과 함께 루리가 우리 가족을 놀라게 한 부분이 또 있습니다. 바로 루리의 몸에서 냄새가 거의 안 난다는 점입니다. 마니(루리를 입양할 때 집에 있던 유기견 출신 강아지)의 경우 2주가 넘어가면 몸에서 냄새가 났기에 정기적으로 목욕을 해야 했습니다. 하지만 루리는 신기하게도 몸에서 냄새가 나지 않아 목욕을 시킬 일이 없었습니다. 고양이를 처음 키워본 저도 마찬가지였지만 아버지는 그게 너무나도 신기했는지, 루리의 몸에 코를 박고 냄새를 킁킁 맡아보더니 "얘는 진짜 냄새가 안 난다. 참 신기하다."고 말할 정도였지요.

그래서 루리는 지금까지 10년 넘게 살면서 단 한 번도 집에서 목욕을 해 본 적이 없습니다. 그렇다고 루리가 목욕을 아예 안 하는 건 아닙니다. 1년에 딱 2번 목욕을 하는데, 봄철과 가을철에 미용을 할 때입니다. 털이 무척 많이 빠지는 시기이기 때문에 루리는 이때가 되면 어김없이 미용을 당하고 목욕까지 받습니다. 사실 이렇게 개에 비해 상대적으로 냄새가 덜 난다는 점도 부모님을 '개파'에서 '고양이파'로 바꾼 계기 중 하나입니다.

　흔히 반려동물을 주기적으로 목욕시켜야 한다고 생각하는 사람들이 많습니다. 반려동물의 목욕은 위생 측면에서 중요하지만, 너무 과도한 목욕은 오히려 피부 상피에 손상을 주고 피부병을 유발시킬 수 있으므로 좋지 않습니다. 개와 고양이 모두 사람과 달리 땀을 흘리지 않기 때문에 잦은 목욕이 필요 없는 동물들입니다. 특히 2~3주에 한 번 목욕을 추천하는 개와 달리 고양이는 목욕이 거의 필요 없습니다. 고양이는 스스로 그루밍을 하기 때문에 적절한 빗질을 통해 털 정리를 잘 도와준다면 굳이 목욕을 시킬 필요가 없다는 것이 전문가들의 공통된 의견입니다. 따라서 1년에 2번 미용할 때 목욕을 받는 루리도 절대 더러운 것이 아닌 셈이죠.
　다만, 그루밍을 완벽하게 하기 힘든 장묘종이나 비만 고양이의 경우에는 가끔 목욕이 필요할 수 있습니다. 목욕 시점은 딱 정해져 있는 것이 아니라 고양이가 스스로 털의 청결함을 유지할 수 없을 정도의 상태가 됐다고 판단될 때 목욕을 시키면 됩니다.

　대부분의 고양이는 물을 싫어하기 때문에 목욕시킬 때는 미지근한 온도의 물을 준비한 뒤에 고양이가 놀라지 않도록 천천히 목과 발, 엉덩이와 같은 몸통에서 먼 부분부터 몸통 쪽으로 조금씩 물을 적셔주는 것이 좋습니다. 그 뒤 고양이용 샴푸를 이용해 거품을 내고 귀에 물이 들어가지 않도록 주의하면서 거품을 깨끗하게 씻어 냅니다. 거품을 씻어낸 뒤에는 수건으로 물기를 닦아준 뒤 드라이어로 완벽하게 말리지 못한 털을 마저 말려줍니다. 털에 물기가 남아있으면 감기에 걸릴 수 있기 때문에 드라이어로 구석구석 털을 말려주는 것이 중요합니다. 단, 드라이어를 너무 가까이 가져간 상태에서 털을 말리면 화상을 입을 수 있으므로 적당한 거리를 유지하면서 털을 말려야 합니다. 이 때 난로나 히터를 틀어주는 것도 좋습니다. 최근에는 물로 헹굴 필요가 없는 고양이용 샴푸들도 많이 출시됐기 때문에 주인의 선택에 따라서 샴푸를 선택하면 됩니다. 단, 사람의 피부와 고양이의 피부는 다르기 때문에 사람용 샴푸는 절대 쓰지 않아야 합니다. 간혹 고양이의 몸에서 나지 않던 냄새가 난다고 목욕을 시키는 경우도 있습니다. 그런데 만약 목욕 후에도 냄새가 없어지지 않는다면 이는 질병일 가능성이 높으므로 동물병원에 가보는 것이 좋습니다. 또한 목욕을 시키다가 주인이 할큄을 당할 수도 있으므로 목욕 전에 고양이의 발톱을 정리하는 걸 추천합니다. 물론 아무리 사전 대비를 해도 고양이 목욕은 집사 입장에서는 그야말로 전쟁이겠지만요.

고양이는 털이 정말 많이 빠집니다. 평상시에도 털이 많이 빠지지만 1년에 2번(더워질 때, 추워질 때) 대대적인 털갈이를 합니다.

➡ 더 알아두라냥 ❼

잘 지켜보면 고양이는 열심히 몸단장을 하면서 그야말로 깔끔을 떤다는 걸 알 수 있죠. 고양이 집사들은 다들 알겠지만 고양이는 그루밍을 정말 자주 합니다. 주로 밥을 먹고 난 다음, 본격적으로 잠을 자기 전에 '고양이 세수'를 비롯해 온몸을 정성스럽게 그루밍합니다. 흔히 물로만 대충 얼굴을 닦는 사람들을 보고 '고양이 세수 한다'라고 표현하는데, 이는 잘못된 표현입니다. 왜냐하면 고양이는 세수를 엄청 열심히 하는 동물이기 때문입니다.

고양이 세수는 그루밍(Grooming, 털 고르기) 중 하나라고 볼 수 있습니다. 몸에 대한 그루밍은 자기 전이나 자고 일어난 다음에 주로 하는 데 비해, 얼굴에 대한 그루밍은 음식을 먹고 난 다음에 많이 합니다. 음식을 먹고 난 다음에 얼굴을 닦는 걸 보면 고양이는 역

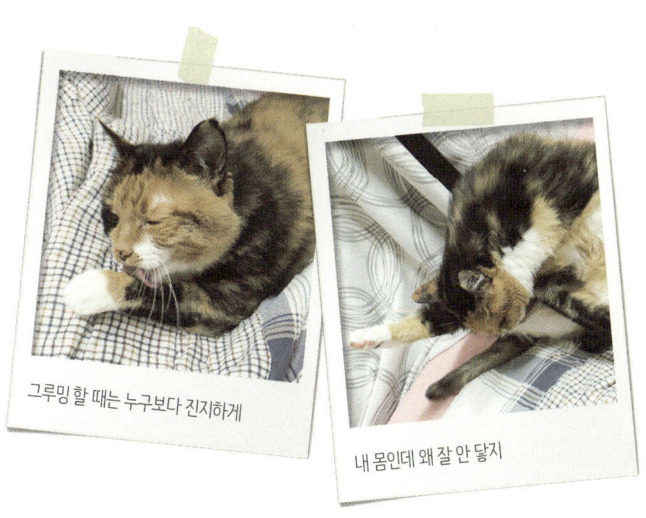

그루밍할 때는 누구보다 진지하게

내 몸인데 왜 잘 안 닿지

시 청결한 동물인 것 같습니다. 고양이 세수를 잘 지켜보면, 침을 이용해 얼굴을 닦아야 하는데 침을 직접 얼굴에 묻힐 수 없기 때문에 앞발에 침을 발라 얼굴을 닦고 더러워진 발을 다시 혀로 닦아 깨끗하게 만든다는 걸 알 수 있습니다. 이처럼 고양이는 심혈을 기울여 세수를 합니다. 따라서 '고양이 세수'라는 말은 세수를 대충 하는 사람이 아니라 세수를 열심히 하는 사람들에게 붙여야 하는 말인 것 같습니다.

고양이는 사람에 비해 땀샘이 발달되어 있지 않습니다. 하지만 땀샘이 전혀 없는 것은 아닙니다. 발바닥 부분(발볼록살)에 땀샘이 존재합니다. ➡ 더 알아두라냥

우리 가족이
루리의 사냥 본능에
적응하는 법

제가 처음 루리를 키우면서 놀란 점 중 하나는 바로 잠을 엄청 많이 잔다는 것입니다. 새끼일 때는 정말 거짓말을 하나도 보태지 않고 밥 먹고 화장실 가는 시간을 제외하고는 잠만 자곤 했으니까요. 하루에 20시간은 거뜬히 잔 듯 싶습니다. 사람인 저로서는 어떻게 하루에 20시간을 잘 수 있는지 신기하면서도 한편으로는 부럽기도 했습니다. 루리는 커가면서 잠자는 시간이 조금 줄어들긴 했지만 성묘가 된 지금도 하루에 16시간은 잡니다. 하지만 점점 더 나이가 들어가면서 잠자는 시간이 다시 늘어나는 것 같아 안타깝습니다. 잠자는 시간을 떠나서 전체적으로 활력이 많이 줄어든 것이 눈에 보이기 때문입니다.

그래서 때로는 낮에 모두가 집을 비울 때도 루리가 잠만 자는 것인지 궁금하기도 했습니다. 영화 〈마이 펫의 이중생활〉처럼 주인이 집을 비우면 돌변하는 것은 아닌지 말이죠. 이런 궁금증은 저뿐만 아니라 모든 고양이 집사들도 가지고 있는 것 같습니다. 하지만 실제로 카메라를 설치하고 집을 비워보면 고양이는 낮에 거의 잠만 잔다는 걸 다시 한 번 깨닫게 된다고 하죠.

그런데 사막화와 함께 새끼 고양이를 키우는 집에서 꼭 겪는 일이 있습니다. 매일 새벽에 잠을 설치는 일입니다. 바로 하루의 3분의 2를 잠으로 채움으로써 생기는 문제점이지요. 집사라면 한밤중에 갑자기 어디선가 들려오는 '우다다다' 소리를 들어본 적이 있을 것입니다. 한바탕 우다다 잔치가 벌어지고 잠시 정적이 흐른 뒤 다시 들려오는 '우다다다다다다'. 사실 '우다다' 소리만 나면 다행입니다. 가끔은 '우다다' 소리와 함께 물건이 떨어지는 소리도 들려오죠. 하지만 떨어지는 소리만 나면 그래도 다행이고, 어떤 때는 물건이 깨지는 소리가 나기도 합니다.

원래 야생에서의 고양이는 해 질 무렵 활동을 시작해서 해가 뜨면 은신처로 돌아가는 '야행성'을 지닌 동물입니다. 이러한 본능이 남아서 그런지 집에서 길러지는 집고양이들도 밤에 무척 활동적입니다. 대표적인 행동이 바로 '우다다'입니다.
'우다다'는 고양이 고유의 본능이 표출되는 행동이므로 진정한 집사라면 이해해주고 존중해줘야 합니다. 그리고 이 '우다다'는 고양이가 성장하면서 점차 줄어듭니다. 나이가 들면서, 집 생활에 익숙해지며, 주인의 생활패턴에 점점 적응하면서 자연스레 '우다다'도 줄어드는 것입니다. 즉, 사람과 함께 사는 시간이 늘어나면서 사람의 생활패턴에 자신의 생활패턴을 맞추고 밤에 사람처럼 잠을 자는 경우가 많아진다는 것입니다. 이런 걸 보면 사람도 그렇지만 고양이 역시 적응의 동물인 것 같습니다. 따라서 고양이가 심하게 '우다다'를 한다고 미워할 것이 아니라 "그래, 네가 그러는 것도 한때다."라는 너그러운 마음을 가질 필요가 있습니다.

➡ 더 알아두라냥 ❾

　루리도 2살이 될 때까지 엄청나게 '우다다'를 했습니다. 새벽이면 루리의 '우다다' 소리에 깜짝 놀라 잠에서 깼던 적이 한두 번이 아니었습니다. 실제로 '우다다' 하는 장면을 목격하면 놀라움과 함께 웃음이 나옵니다. 뭐가 그리 급한지 동공이 잔뜩 확장된 상태로 집 이쪽저쪽을 빠르게 헤집고 다닙니다. 그러고는 잠시 동안 멍하니 있다가 갑자기 반대방향으로 또 달려갑니다. 달리다가 식탁이나 싱크대, 심지어 옷장 위에까지 올라가는 경우도 있습니다. 야행성 동물답게 밤 10시 정도부터 사냥 본능이 살아나면서 에너지가 폭발하는 것입니다. 루리의 경우 새벽 4~5시가 절정이었죠.

'우다다'와 함께 고양이의 사냥 본능을 보여주는 루리의 행동이 또 있습니다. 가끔 자기 혼자 침대 밑이나 박스, 아니면 식탁 다리 뒤에 숨어서 자세를 낮추고 동공을 확장시키고는('동공어택'이라고 하죠) 몸을 움찔움찔 거리는 행동입니다. 이는 사냥감에게 자신의 모습을 숨긴 채 사냥할 타이밍을 잡는 행동이지요. 물론 그렇게 숨어도 몸이 다 보여서 너무 귀엽다는 게 문제라면 문제입니다. 엉덩이를 실룩거리는 장면을 자주 관찰하다 보면 루리가 실룩거림을 멈추고 뛰어나가는 타이밍을 어느 정도 예측할 수 있게 됩니다. 그래서 루리가 뛰어나가는 타이밍에 맞춰서 놀라게 했을 때, 루리가 뛰어나오려다가 깜짝 놀라면서 반대 방향으로 도망가는 모습이 무척 재미있기도 하죠. 몸은 잘 못 숨기지만 실제로 루리가 움직이는 작은 벌레를 용케 발견하고 사냥에 성공한 경우도 많습니다.

고양이는 사람보다 시력이 낮지만 동체시력은 더 뛰어나기 때문에 작은 물체라도 움직이는 것은 사람보다 훨씬 잘 봅니다.
여기서 고양이의 '동공어택'에 대해 좀 더 알아보겠습니다. 동공 크기는 빛에 의해 조절되는 것이 기본입니다. 빛이 많은 밝은 곳에서는 동공이 축소하고, 빛이 적은 어두운 곳에서는 동공이 확대됩니다. 이런 원리는 사람이나 고양이나 모두 마찬가지입니다. 그런데 빛의 양과 상관없이 감정 상태에 따라서도 동공의 크기가 변할 수 있습니다. 고양이뿐 아니라 사람도 흥분하거나 두려움을 느

끼면 동공이 커지는데(최대 4배 정도), 고양이는 그것보다 훨씬 더 크게 동공이 커지는 것뿐입니다. 흥분과 두려움의 정도가 클수록 동공은 더 크게 확장됩니다. 즉, 고양이의 동공어택은 '신남, 흥분, 두려움'의 상태를 나타내는 것으로 보면 됩니다. 흥분과 두려움을 느낄 때는 동공이 커지지만, 반대로 심심하거나 화가 났을 때는 동공이 작아집니다. → 더 알아두라냥 ⑩

그런데 고양이의 동공확장은 고혈압이나 녹내장 등에 의해서도 나타날 수 있기 때문에 양쪽 동공 크기가 계속 다르거나 동공이 확장되었다가 다시 축소되지 않는다면 동물병원에 가서 진료를 받아보는 것이 좋습니다.

고양이의 사냥 본능과 민첩성은 정말 놀랍습니다. 지인의 고양이는 날아다니는 꽤 큰 벌레를 낚아채고는 '먹지마!'라고 말하기도 전에 바삭바삭 소리를 내면서 씹어 먹어 지인을 기겁하게 한 적도 있습니다.

모든 고양이를
루리처럼 사랑하게 되다

고양이를 그렇게 싫어하다가 어느새 캣맘과 캣대디가 되어 버린 부모님은 매일 아침 길고양이들에게 사료를 챙겨줍니다. 루리가 길고양이 출신인데다가 완전히 고양이파로 거듭나면서 밖에 있는 고양이들에게도 마음이 쓰이기 시작한 것입니다. 심지어 어머니는 가족 전체가 며칠간 집을 비울 때면 길고양이들의 밥 걱정을 제일 먼저 하곤 합니다. 한창 많이 챙겨줄 때는 최대 일곱 마리의 길고양이들이 매일 아침 우리 집 급식소를 찾기도 했습니다.

지금은 두세 마리의 길고양이들이 아침마다 우리 집을 찾아옵니다. 한때 일곱 마리까지 찾아오던 길고양이들이 두세 마리로 줄어든 걸 보면 길고양이의 수명이 3년 이하로 짧다는 이론은 사실인 듯 합니다. 수개월 동안 모습을 보이지 않다가 우리 집을 다시 찾아온 길고양이는 있었지만, 3년 넘게 꾸준히 찾아오는 고양이는 없었습니다. 아마도 교통사고나 기타 질병으로 목숨을 잃었을 가능성이 높습니다.

우리 집을 찾아오는 길고양이들에게도 이름이 있습니다. 나비, 까망이, 하양이, 점박이 등입니다. 물론 어머니가 붙여준 이름입니다.

> 이상하게 우리나라 길고양이에게는 유독 '나비'라는 이름이 많이 붙여집니다. 원숭이처럼 나무를 잘 탄다고 하여 원숭이를 뜻하는 '잔나비'에서 유래됐다는 설도 있고, 나비처럼 잘 움직여서 그렇다는 설도 있습니다. 또 고양이 귀 모양이 나비처럼 생겨서 그렇다는 말도 있습니다.

그중에서도 혼자 찾아오던 까망이는 나중에 자기 새끼들까지 데려왔습니다. 어느 순간부터 멀리서도 눈으로 확인할 수 있을 만큼 배가 불러오더니 며칠 간 우리 집을 찾아오지 않았습니다. 그러고는 며칠 뒤 갑자기 홀쭉해진 배로 나타나서 사료를 들고 가더니, 또 며칠 뒤부터는 새끼들을 데리고 우리 집을 찾아왔습니다.

보통 부모님은 아침에 길고양이들이 찾아왔는지 확인한 뒤에 일정 양의 사료를 비닐 봉투에 담아서 던져줍니다. 너무 가까이 가면 고양이들이 위협을 느끼고 도망갈까 봐 부담을 주지 않기 위함입니다. 처음에는 비닐 봉투를 던지면 도망가던 고양이들도 적응한 뒤에는 비닐 봉투를 피하기는커녕 날아오는 봉투를 낚아채기도 합니다. 물론 먹고 난 이후에 남은 비닐 봉투는 다시 정리합니다.

이렇게 밥을 주면서 이뤄진 까망이의 출산은 우리 가족이 확인한 것만 최소 두 번이었습니다. 어느 날엔 첫 번째 출산 때 낳은 고양이와 두 번째 출산 때 낳은 고양이가 함께 밥을 먹으러 찾아온 적도 있었습니다. 형제끼리 함께 찾아온 거죠. 하지만 안타깝게도 지금은 까망이 가족 중에서 우리 집에 찾아오는 고양이는 단 한 마리뿐입니다. 다들 어딘가에서 잘 살고 있길 바라지만 이미 목숨을 잃었을 가능성이 높은 게 사실입니다. 길고양이에 대해서는 할 이야기가 참 많습니다. 뒤에서 길고양이와 길고양이 TNR 사업에 대한 이야기를 해 보도록 하겠습니다.

이번에는 한 가지 질문을 해 보겠습니다. 우리나라 사람들이 많이 키우는 5대 강아지 품종은 무엇일까요? 말티즈, 시추, 요크셔테리어, 푸들, 포메라니안이 바로 그 주인공입니다. 코커스패니얼과 슈나우저, 치와와 등이 그 뒤를 따릅니다. 소형견이 대부분이며 흔히 말하는 믹스견은 10위권에 머뭅니다.

그런데 고양이 집사들이 가장 많이 키우는 고양이 품종은 무엇일까요? 바로 코숏(코리안숏헤어=도메스틱캣(지역 토종 고양이))입니다. 개와는 다르게 페르시안, 터키시앙고라, 러시안블루, 샴 등의 품종묘들은 모두 코숏보다 순위가 낮습니다. 그 이유는 무엇일까요?

많은 사람들이 개를 키울 때는 '개를 키우고 싶다'는 계획을 먼저 세운 후에 어떤 종류의 개를 키울지 고민하는 경우가 많은데 반해, 고양이 집사들은 길고양이를 갑자기 집에 들이는 경우가 꽤 많기 때문입니다. 마치 어느 날 아무런 계획도 없이 루리가 우리 집 식구가 된 것처럼 말입니다. 이것이 바로 흔히 말하는 '냥줍'이고, 길고양이의 '집사 선택'입니다. 생각보다 저처럼 길고양이를 키우는 사람들이 많습니다. 그래서인지 고양이에 애착을 갖고 있는 고양이 집사들이 많고, 고양이 집사에서 길고양이의 밥을 챙겨주는 캣맘까지 되는 경우도 많습니다.

코리안숏헤어도 종류가 다양한데 보통 털 색깔에 따라 치즈태비, 고등어태비, 턱시도, 삼색이, 카오스 등으로 분류됩니다. 루리는 흰색과 갈색, 검정색을 가진 삼색고양이(칼리코)입니다.

> 참고로 삼색 고양이는 이론상 모두 암컷입니다. 수컷 삼색 고양이가 매우 드물기 때문에 일본에는 '수컷 삼색고양이를 배에 태우면 그 배는 침몰하지 않는다'는 속설이 있을 정도로 수컷 삼색 고양이를 행운의 상징으로 여겼습니다.
>
> ➜ 더 알아두라냥 ⓫

루리는 비록 암컷이지만 삼색이라 그런지 우리 집에 많은 웃음과 행복을 가져다주었습니다.

소중한 가족, 루리를 위한 선물

2008년에 태어난 루리는 벌써 열 살이 되었습니다. 이제는 눈에 띄게 움직임이 줄어들고 아픈 곳이 늘고 있습니다. 더구나 루리는 몇 년 전부터 비뇨기 질환을 앓고 있습니다.

우리 가족은 루리를 키우면서 서로와의 대화 시간이 늘고, 또 화목해졌습니다. 루리 이야기를 하면서 자연스레 다른 이야기까지 많이 나누게 됐기 때문입니다. 바로 이런 부분이 반려동물이 주는 큰 장점 중 하나인 것 같습니다. 다른 사람과의 관계에도 반려동물의 힘을 받은 적이 있습니다. 친누나가 결혼하기 전에 상견례를 할 때 있었던 일입니다. 처음 보는 두 가족이 만나 이야기를 하려니 정말 어색하기 이를 데 없었지요. 하지만 사돈 측 식구들이 오래 전부터 동물을 매우 좋아했을 뿐만 아니라, 공교롭게도 상견례 바로 몇 주 전에 20년 가까이 키운 반려견을 떠나보낸 상황이었습니다. 어쩌다 보니 동물 이야기가 나오면서 상견례 자리가 반려동물에 대한 이야기를 나누는 자리로 바뀌며 자연스레 분위기도 좋아졌습니다. 상견례가 끝나고 제가 농담으로 '동물 이야기 안 했으면 어쩔 뻔 했어?'라고 누나에게 물을 정도였으니까요.

우연한 기회로 루리와 우리 가족이 인연을 맺고 저도, 부모님도 하루아침에 고양이 집사가 되었습니다. 고양이를 무서워하고 싫어하던 부모님이 캣맘과 캣대디가 된 건 정말 신기한 일이었지요. 저 역시 루리 덕분에 고양이에 더욱 관심을 가지게 되어 고양이 관련 책을 사고, 고양이 커뮤니티에서 다양한 정보들을 공유하게 됐으며, 특별히 고양이 보호에 사용해달라는 목적으로 동물보호단체에 정기 기부를 하고 있습니다. 그리고 지금 고양이 책까지 쓰게 되었습니다.

사실 고양이 관련 책을 써 보는 게 어떻겠냐는 제안을 처음 받았을 때, 저보다 고양이 전문 동물병원, 고양이 친화 동물병원을 운영하는 수의사분들이 쓰는 게 더 좋겠다는 생각에 출판사에 제 의견을 전달했었습니다. 하지만 이제 나이가 점점 들어가는 루리를 위해, 우리 가족에게 좋은 추억을 많이 만들어 주고 있는 루리를 위해 루리와의 에피소드를 담은 책을 써 보면 좋겠다는 생각에 집필을 결정하게 되었습니다. 따라서 이 책은 고양이를 좋아하는 사람들과 고양이에 대한 경험과 정보를 나누는 책이자, 동시에 루리에게 주는 저의 작은 선물이기도 합니다.

 이제부터 루리와 저의 이야기, 고양이 집사들이 모두 공감할 수 있는 이야기, 그리고 고양이를 전혀 모르는 사람들에게 고양이라는 동물이 어떤 동물인지 알려줄 수 있는 이야기를 본격적으로 시작해 보려 합니다.

1. 냥줍은 위험할 수 있어요

혼자 있는 새끼 고양이를 발견하고 집에 데려가는 분들이 많습니다. 이를 흔히 '냥줍'이라고도 표현합니다. 하지만 섣부른 냥줍은 위험한 행동일 수 있습니다. 어미가 먹이를 구하기 위해 잠시 자리를 비운 사이에 어미와 새끼를 생이별시키는 경우일 수도 있기 때문입니다. 따라서 혼자 있는 새끼 고양이를 발견하면 우선은 어미가 돌아오지는 않는지 얼마 동안 지켜볼 필요가 있습니다. 어미 고양이는 보통 4시간에서 8시간까지 자리를 비우는 경우가 있다고 알려져 있습니다. 마찬가지로 새나 노루 같은 야생동물을 발견했을 때도 구조하기 전에 '어미와의 생이별을 막기 위해' 우선 시간을 두고 지켜봐야 합니다.

2. 동물보호 담당 공무원분들을 이해해주세요

공무원 중에서 동물보호 업무를 담당하는 분들을 동물보호감시원이라고 부르고, 그들의 업무를 돕는 일반 시민들을 동물보호명예감시원이라고 부릅니다. 하지만 동물보호감시원이 동물보호 업무만 전담으로 하는 경우는 거의 없습니다. 대부분 다른 업무와 함께 동물보호 업무를 병행하기 때문에 지역경제과, 생활경제과 등 동물보호와는 아무런 상관이 없을 것 같은 부서 공무원이 동물보호 업무까지 담당하는 경우가 많습니다. 그만큼 아직 동물관련 업무는 지자체 입장에서 봤을 때 중요도가 낮은 분야인 듯 합니다. 하지만 서울시가 2012년 9월, 전국 지자체 최초로 동물보호 업무를 전담하는 '동물보호과'를 설치해 좋은 성과를 내고 있으니 다른 지자체에도 동물보호과가 생겼으면 하는 바람입니다.

3. 고양이 눈을 무서워하지 마세요

고양이의 눈을 무서워하는 사람들이 많습니다. 아마 고양이 눈의 특징 때문일 겁니다. 첫 번째 특징으로, 고양이는 각막이 앞으로 튀어나와 있습니다. 고양이의 눈을 옆에서 보면 사람과 달리 눈꺼풀 앞으로 동그랗게 튀어나온 각막을 확인할 수 있습니다. 둘째로 고양이의 동공은 세로로 길게 갈라져 있습니다. 사람의 눈이든 동물의 눈이든 밝은 곳에서는 많은 빛이 눈으로 들어오기 때문에 홍채가 동공의 크기를 작게 만들어 들어오는 빛의 양을 줄입니다. 이때 사람은 동공이 동그랗게 축소되는 반면, 고양이는 세로로 길게 축소됩니다. 이때 세로로 1자 모양이 되는 고양이의 눈을 무서워하는 사람이 많습니다. 하지만 세로로 줄어드는 동공은 뛰어난 사냥꾼인 고양이에게 꼭 필요한 장치입니다. 동공이 세로로 길쭉한 상태에서 눈꺼풀은 위아래로 열리고 닫히기 때문에 더 효과적으로 빛 조절이 가능하고, 그로 인해 밝은 빛도 정면으로 바라볼 수 있어 햇빛이 강력한 낮에도 사냥을 잘 할 수 있는 것입니다.

이처럼 특이한 고양이의 동공은 무서움을 주기도 하지만 반대로 귀여움을 유발하기도 합니다. 빛이 적은 곳에서나 갑자기 흥분한 경우에 동공이 홍채를 다 가리고 눈 전체를 차지할 정도로 커지는데, 이를 흔히 '동공어택'이라고 부릅니다. 이 귀여운 동공어택에 심장어택을 당하는 집사들이 많죠.

🐾 4 고양이도 자신의 이름을 정확히 알아들어요

고양이의 이름은 두 글자인 것이 제일 좋습니다. 그래야 고양이가 자신의 이름을 잘 기억하기 때문입니다. 그렇기 때문인지 가장 흔한 이름은 해피, 초코 등과 같은 두 글자 이름입니다. 동물병원의 전자차트에 해피를 검색하면 수십 마리에서 수백 마리의 해피가 검색됩니다. 재미있게도 제가 동물병원에서 봤던 제일 긴 이름은 '안토니오 반데라스'였습니다. 보호자가 배우 안토니오 반데라스를 좋아해서 붙인 이름이었는데, 심지어 해당 보호자는 풀 네임(호세 안토니오 도밍게스 반데라스)으로 자신의 고양이를 불렀습니다.

고양이는 자신의 이름을 기억하지 못한다는 잘못된 편견이 있지만, 실제로 고양이도 이름을 정확히 기억합니다. 루리도 이름을 부르면 저를 쳐다보거나, 어딘가 구석에 숨어 있다가도 제게로 다가오는 걸 보면 말입니다. 물론 바로 앞까지 오지 않고 1~2m 앞에 멈추는 것이 문제지만요.

🐾 5 고양이에게 일반 우유를 주는 건 위험해요

만화영화에선 고양이는 항상 접시에 담긴 우유를 먹곤 합니다. 이 때문인지 고양이에게 사람 우유를 주는 분들이 많습니다. 하지만 고양이는 유당분해효소가 없는 경우가 많아 사람 우유를 먹일 경우 설사를 할 수 있기 때문에 고양이용 우유를 구입해 먹이는 것이 좋습니다.

🐾 6 고양이도 사람과 마찬가지로 꿈을 꿔요

루리는 자다가 골골송을 부르거나 꼬리를 흔들며 자기가 꿈을 꾸고 있다는 걸 알려줍니다. 사실 고양이뿐만 아니라 모든 포유류는 꿈을 꿀 수 있는 것으로 알려져 있습니다. 뇌에는 기억을 담당하는 부분인 해마가 있는데, 모든 포유류의 해마는 거의 같은 구조로 이뤄져 있습니다. 실제로 쥐를 대상으로 실험한 결과, 쥐도 REM(Rapid Eye Movement, 눈을 빨리 움직이는 상태)수면을 보이며, 이때 뇌파 분석을 한 결과 꿈을 꾸는 것으로 확인되었다는 실험 결과도 있습니다. 쥐도 꿈을 꾼다니 정말 신기한 일입니다.

심지어 사람과 동물의 꿈의 단계도 똑같습니다. 꿈은 5단계로 이루어져 있고 각 단계별로 작용하는 뇌파의 종류도 달라지는데, 사람의 경우 꿈의 80%가 REM 상태에서 일어납니다. 사람은 보통 90분에 1번씩 REM 수면이 반복되며, 고양이의 경우 25분에 1번씩 REM 수면이 반복된다는 연구 결과가 있습니다. 동물이 꾸는 꿈의 종류도 사람과 마찬가지로 다양합니다. 기분 좋은 꿈, 무서운 꿈, 행복한 꿈, 그날 겪은 꿈, 과거에 겪은 일에 대한 꿈 등을 모두 꿀 수 있다고 합니다.

🐱 7 고양이의 털 빠짐

고양이는 털이 많이 빠집니다. 약하고 죽은 털을 지속적으로 솎아줘야 새롭고 건강한 털이 자라나오기 때문에 고양이의 털 빠짐 현상은 정상적인 현상입니다. 고양이가 그루밍을 하는 이유 중 하나도 바로 오래된 털을 제거하기 위해서입니다. 평상시에도 털이 많이 빠지지만 1년에 2번은 털이 엄청 빠집니다. 바로 추운 겨울이 지나고 날씨가 따뜻해지는 봄과, 더운 여름이 지나고 날씨가 선선해지는 가을입니다.
봄 털갈이는 두꺼운 겨울 털이 빠지고 가벼운 여름 털이 나오고, 가을 털갈이는 가벼운 여름 털이 빠지고 두꺼운 겨울 털이 자라납니다. 고양이 털 관리에 대한 방법은 뒤에서 자세히 살펴보도록 하겠습니다.

🐱 8 고양이는 땀샘이 없어요

고양이는 사람과 달리 땀샘이 발달되어 있지 않습니다. 하지만 아예 땀샘이 없는 것은 아닙니다. 발바닥 부분(발 볼록살)에 땀샘이 존재합니다. 땀샘이 존재하긴 하지만 사람의 땀샘과는 약간 차이가 있습니다. 땀샘은 크게 에크린샘(eccrine gland)과 아포크린샘(apocrine gland)으로 나뉘는데, 사람 피부에 있는 대부분의 땀샘은 에크린샘입니다. 겨드랑이, 항문 주위, 털주머니 같은 부분에만 아포크린샘이 분포합니다. 그런데 고양이는 에크린샘이 발 볼록살 부분에만 조금 존재합니다. 그래서 사람처럼 땀을 흘릴 수 있는 부분이 발 볼록살 밖에 없습니다. 이는 개도 마찬가지입니다. 개와 고양이는 이렇게 땀샘이 잘 발달해 있지 않기 때문에 더운 날씨에 땀을 흘려 체온을 낮추기보다는 헐떡임(panting)을 통해 체온을 낮춥니다. 하지만 고양이는 개처럼 헐떡임을 많이 하지 않는데, 그 이유는 두 번째 장에서 설명하도록 하겠습니다.

9 고양이의 우다다가 너무 심하다면?

만약 고양이의 우다다가 너무 심해 일상생활이 어려울 정도라면 몇 가지 방법을 시도해 볼 수 있습니다. 먼저 밤에 자기 전에 고양이와 놀아주는 방법이 있습니다. 미리 고양이의 사냥본능과 에너지를 해소시켜 주는 것입니다. 낚싯대도 좋고, 쥐돌이도 좋고, 레이저포인터도 좋습니다. 어차피 고양이는 짧은 시간에 에너지를 폭발시켜 사냥하는 동물이기 때문에 15분~30분이면 충분합니다.

자기 전에 고양이에게 간식을 주는 방법도 있습니다. 고양이가 밥 먹을 때를 잘 관찰해 보면 식사 후에 온몸을 꼼꼼히 그루밍한 뒤 잠을 자는 경우가 많다는 걸 알 수 있습니다. 야생에서 고양이는 많은 에너지를 사용해 사냥한 뒤 몸단장을 하고 깊은 잠을 자는 경우가 많은데, 이런 생활패턴이 집 고양이에게도 꽤 남아있습니다. 따라서 밤에 우다다가 너무 심하다면 자기 전에 간식을 주는 것도 고려해 볼만 합니다.

단, 비만인 고양이에게는 아쉽지만 사용할 수 없는 방법입니다.

10 고양이는 동체시력이 정말 뛰어나요

고양이는 사람보다 시력이 낮습니다. 또한 색 구별도 잘 못하는 걸로 알려져 있습니다.

망막에는 원추세포(cone cell)와 간상세포(rod cell)라는 2가지 종류의 세포가 존재하는데, 원추세포는 밝은 빛을 감지하고 색깔을 구별하는 데 이용되는 세포이고 간상세포는 어두운 빛을 감지하는 세포입니다. 망막의 원추세포 종류가 사람은 3종류인 반면, 고양이는 2종류만 가지고 있기 때문에 사람보다 색깔 구별을 잘하지 못합니다. 참고로 새는 5종류의 원추세포를 가지고 있어 사람보다 훨씬 더 다양한 색깔을 구별할 수 있습니다.

이처럼 고양이는 사람보다 시력이 낮고 색 구별도 잘 못하지만, 동체시력(움직이는 물체를 보는 시력)이 사람보다 월등히 높기 때문에 움직이는 물체는 더 잘 봅니다. 즉, 잔디밭에 가만히 놓여 있는 테니스공은 사람보다 잘 찾지 못하지만, 작은 벌레의 움직임은 훨씬 빠르게 파악하는 것입니다.

11 삼색고양이는 이론상 모두 암컷이에요

고양이도 사람과 마찬가지로 수컷은 XY, 암컷은 XX의 성염색체를 가지고 있습니다. 그런데 털 색깔을 나타내는 유전자는 X염색체에 존재합니다. 색깔을 나타내는 유전자는 보통 갈색을 나타내는 유전자와 검은색을 나타내는 유전자, 2종류입니다.

암컷의 X염색체 2개가 모두 갈색을 나타내는 염색체라면 고양이의 털 색깔은 갈색과 흰색이 섞여 나오고, 반대로 2개의 X염색체가 모두 검은색을 나타내는 염색체라면 고양이의 털 색깔은 검은색과 흰색이 섞여 나오게 됩니다. 그리고 갈색을 나타내는 X염색체 한 개와 검은색을 나타내는 X염색체 한 개가 만나 XX성염색체를 이룰 때 삼색의 털 색깔을 발현하게 되는 것입니다. 서로 다른 X염색체 2개가 만나야 삼색이 나오기 때문에 성염색체 이상이 없다면 삼색고양이는 100% 암컷이어야 합니다.

하지만 드물게 수컷 삼색고양이가 나오기도 하는데 이는 XXY(혹은 XXXY 등) 성염색체 이상이 있는 개체라는 뜻입니다. 사람의 클라인펠터 증후군에 해당합니다. X염색체가 2개 이상 존재하기 때문에 삼색을 발현할 수도 있는데다가, Y염색체도 있으니 수컷이 되는 것입니다. 이처럼 수컷 삼색고양이가 드물기 때문에 예전에 일본에서는 '수컷 삼색고양이를 배에 태우면 그 배는 침몰하지 않는다.'는 속설이 있었다고 합니다. 이런 속설 때문에 실제로 배에 수컷 삼색고양이를 태우는 선원들이 많았습니다. 그 뒤 일본에서는 삼색고양이가 행운의 상징이 되었고, 제패니즈 밥테일 삼색고양이는 우리가 잘 아는 '마네키네코*의 모델이 됐죠.

물론 삼색 마네키네코 말고 금색, 흰색, 빨간색, 파란색, 녹색, 검은색

등 다양한 색깔의 마네키네코가 있습니다. 금색은 재물운, 빨간색은 질병을 낫게 하는 운, 녹색은 건강운 등 마네키네코의 색깔마다 의미하는 운도 다릅니다.

> ※마네키네코 : 마네키(まねき)는 초대, 초청, 손짓하여 부르다는 뜻을 가지고 있고, 네코(ねこ)는 고양이를 뜻한다. 따라서 마네키네코는 손짓하여 부르는 고양이라는 뜻으로, 실제 모든 마네키네코는 손을 들고 사람을 부르는 모습을 하고 있다.

Chapter_02

사람과 함께 살게 되면서 고양이가 겪는
여러 가지 변화에 대하여
-아기와의 만남, 타 동물과의 만남, 날씨 변화, 노령묘

고양이와의 동거수칙 1

나 고양이,
사람하고 동거는
처음이라
적응이 필요해 🐾

고양이,
다른 동물을 만나다

　　루리가 처음 집에 왔을 때 우리 가족은 이미 마니라는 발바리를 키우고 있었습니다. 왜 한국에서 믹스견을 발바리라고 부르는 지는 잘 모르겠지만, 저는 단순하게도 '발바리'라는 우리나라 고유의 강아지 품종이 별도로 있는 줄 알았습니다. 진돗개, 삽살개, 동경이처럼 말입니다.

　　참고로 흔히 믹스견이라고 부르는 'mongrel'이 품종견보다 더 건강하고 똑똑한 경우가 많습니다. 순종의 경우 지속적인 근친교배 때문에 유전병이 후대까지 전달되는 경우가 많은데 믹스견은 그럴 일이 적기 때문입니다. 따라서 믹스견이라고 무조건 싫어하는 자세는 옳지 않죠. 이는 고양이도 마찬가지입니다. 스코티시폴드

의 골연골이형성, 수염 없는 스핑크스 등이 근친교배의 대표적인 안 좋은 예입니다. ➜ 더 알아두라냥 ❶

어쨌든 '개와 고양이는 앙숙이다'라는 말뿐만 아니라 '개와 고양이가 최고의 절친이 될 수도 있다'라는 말도 많이 들었던 터라 루리와 마니가 절친이 될지, 앙숙이 될지 무척 궁금했습니다. 루리가 처음 집에 왔을 때는 태어난 지 10일도 안 된 새끼 고양이였기 때문에 마니와 잘 못 지낼 이유가 전혀 없었습니다. 마니는 너무나도 순수하고 착한 강아지였기 때문에 작은 새끼 고양이에 거부감을 보이거나 시기하지 않았죠. 그저 어린 생명체에게 관심과 호기심만 보일 뿐이었습니다. 하지만 루리가 점차 성장하면서 상황이 바뀌었습니다. 지금 루리는 자율급식을 하고 있지만 어릴 때는 제한급식을 했었는데, 당시 저는 사료 줄 때가 되면 루리와 마니에게 동시에 사료를 줬습니다. 물론 당연히 두 개의 사료 그릇에 각각 개 사료와 고양이 사료를 주었지요.

고양이에게 개 사료를 주는 분들이 간혹 있습니다. 한두 번 주는 건 상관없지만, 개 사료를 고양이에게 주식으로 계속 주게 되면 여러 가지 문제가 발생할 수 있습니다. 최악의 경우에 실명을 할 수도 있습니다. 따라서 개에게는 개 사료, 고양이에게는 고양이 사료를 급여해야 합니다.

그런데 어느 날부터 루리가 자기 사료를 다 먹은 뒤 사료를 열심히 먹고 있는 마니에게 다가가 머리를 들이밀기 시작했습니다. '내가 네 사료까지 먹고 싶으니까 나와!' 라는 뜻의 행동이었죠. 그럼 순둥이 마니는 사료를 먹다 말고 루리에게 자리를 비켜줬습니다. 자기 밥 그릇 하나 지키지 못할 정도로 마니는 착했습니다. 나중에는 루리가 자기 사료를 다 먹고 마니가 미처 다 먹지 못한 사료(당연히 개 사료)까지 먹는 일이 당연해질 정도였으니까요. 급기야 마니는 거의 기계처럼 루리가 다가오면 자리를 비켜줄 정도가 되어버렸습니다. 결국 저는 마니를 위해 사료를 줄 때 둘을 멀리 떨어뜨린 뒤 주곤 했습니다. 개와 고양이 사이에도 서열이 있는지는 잘 모르겠지만 시간이 지날수록 루리가 마니보다 서열이 높아지고 있다는 걸 알려주는 사건이 많아졌습니다.

> 요즘엔 주인과 반려견 사이에도 서열이 없다는 이론이 힘을 얻고 있습니다. 반려동물과 주인은 상하관계, 복종관계가 아니라 서로 교감하는 사이라는 것입니다.

하루는 마니 앞을 지나가던 루리가 갑자기 마니의 뺨을 때리는 일이 있었습니다. 루리가 갓 6개월이 됐을 때의 일이었죠. 제가 처음 목격한 것이 그때였으니 실제로 루리는 더 어렸을 때부터 마니의 뺨을 때렸을 수도 있습니다. 루리가 얼마나 차지게 뺨을 때리는

지, 그걸 지켜보는 제 뺨이 다 아플 정도였습니다. 마니의 뺨을 왜 때리는지는 모르겠지만, 착하디착한 마니는 뺨을 맞고도 전혀 대응을 하지 못했습니다. 물론 그 이후로도 루리는 마니의 뺨을 자주 때리곤 했지요.

지금은 마니가 먼저 떠나고 루리만 남았지만 그렇게 뺨을 맞고도 같이 한 침대에서 잤던 걸 보면 둘 사이는 꽤 괜찮았던 것 같습니다. 루리가 잠자는 마니 품으로 들어가서 자는 일도 많았던 걸 보면 말입니다.

고양이가 뺨을 때리는 장면을 보면 참 놀랍습니다. 굉장히 빠르고 민첩하게 뺨을 때립니다. 뒤쪽으로 점프를 하거나 몸을 비틀면서 뺨을 때리는 모습을 보면 확실히 고양이는 유연한 동물이 맞는 듯합니다.

고양이가 털을 세우고 귀를 낮게 눕히면서 혹은 고음의 소리를 내며(두려움을 표현하거나 공격성을 나타내면서) 뺨을 때리는 것은 '너 거슬려!', '너 나 귀찮게 하지 마!' 혹은 '싸우자!'는 뜻입니다. 만약 집에서 고양이가 이런 모습들과 함께 다른 동물의 뺨을 때린다면 그 동물을 달갑지 않게 생각하는 것이기 때문에 대처가 필요합니다. 하지만 루리가 마니에게 그랬던 것처럼 지나가다가 갑자기 한 대 뺨을 툭 치고 가는 행동은 상대방이 매우 싫어서 하는 행동이라기보다, 약간 신경이 쓰이거나 장난을 치는 행동이라고 보는

것이 맞는 것 같습니다. 위에서 말했듯 루리는 자고 있는 마니 옆으로 가서 함께 잠을 잘 정도로 마니를 좋아했으니까요.

루리와 마니의 관계를 보면서 고양이는 참 대단한 동물이라는 생각이 들었습니다. 자기보다 더 오래 살았던 마니의 뺨까지 때렸으니 말입니다. 고양이 집사들은 많이 알고 있겠지만 고양이가 앞발을 들어 다른 고양이나 개의 뺨을 때리는 경우가 종종 있습니다. 특히 개의 뺨을 때릴 때는 개가 크든 작든 상관하지 않습니다. 그래서 저는 어쩌면 개보다 고양이가 일반적으로 더 기세가 세다고 생각하기도 합니다. 고양이는 대형견의 뺨을 때리는 것을 주저하지 않으며, 대형견도 고양이에게 뺨을 맞고 제대로 대응하지 못하는 경우를 많이 봤기 때문입니다.

당연한 말이겠지만, 마니가 없는 지금 우리 집 no.1은 바로 루리입니다. 물론 마니가 있었어도 우리 집 no.1은 루리였겠지만 말입니다.

나 말고 다른 고양이가 또 있다니!

루리는 눈도 못 뜬 상태에서 우리 집에 왔기 때문에 별다른 적응기가 없었지만, 일반적으로 다 큰 성묘의 경우에는 갑자기 사는 곳이 바뀌거나 다른 곳에 가면 적응기를 거치기 마련입니다.

고양이는 자신만의 영역을 설정하고 그 안에서 편안함을 느끼는 영역 동물입니다. 따라서 자신의 영역을 벗어나서 다른 곳으로 가면 불안해하는 경우가 많습니다. 특히 다른 고양이나 다른 동물의 냄새가 진동하는 곳이라면 더욱 그렇습니다.

> 고양이의 영역은 생각보다 그렇게 넓지 않습니다. 자기가 사는 집이 곧 영역인 경우가 많죠. 따라서 고양이를 억지로 집 밖으로 데리고 나가려고 노력할 필요는 없습니다. 많은 고양이들이 자신의

영역인 집 안에 있을 때 편안함을 느낍니다.

➡ 더 알아두라냥 ❷

  성격에 따라 새로운 곳에 가도 원래부터 그곳이 자기 집인 것처럼 태연하게 행동하는 고양이도 있지만, 대부분은 일단 어딘가로 숨는 경우가 많습니다. 침대 밑이나 소파 밑이 대표적인 장소입니다.

  한번은 친한 친구의 고양이인 나비를 3일간 맡아준 적이 있는데, 나비는 케이지에서 나오는 순간 침대 밑으로 들어가서 10시간이 넘도록 나오지 않았습니다. 처음에는 밖으로 나오도록 해서 루리와도 인사시켜주고 싶은 마음에 "괜찮아, 나쁜 사람 아니야.", "나비야, 이리 나와 봐. 맛있는 것 줄게." 하면서 애걸도 해봤지만 나비는 꼼짝하지 않았습니다. 무릎까지 꿇고 엎드려 어두운 침대 밑을 바라보며 간절히 얘기했지만 소용없었습니다. 나비는 그저 식빵자세로 레이저 빔을 쏘며 저를 물끄러미 바라볼 뿐이었죠.

  그런데 신기하게도 오히려 말을 걸지 않고 가만히 두었더니 나중에는 자기가 먼저 나와서 주변 냄새도 맡으며 조금씩 적응을 했습니다. 무척이나 조심스럽게 침대 밖으로 한 걸음씩 나오던 모습이 참 귀여웠지요. 조심스럽게 만난 루리와 나비는 서로 냄새를 몇 번 맡아보더니 싸우지 않고 잘 지냈습니다. 그런 걸 보면 루리도 성격이 나쁘지는 않은 것 같습니다.

하지만 고양이끼리 처음 만났을 때 모두가 루리와 나비처럼 별 문제없이 잘 지내는 것은 아닙니다. 서로 털을 세워 하악질을 하고 제대로 한 판 붙는 경우도 있으며, 집안 곳곳에 스프레이를 하며 자신의 영역임을 알리기 위해 노력하는 경우도 있습니다. 따라서 고양이가 이미 있는 집에(혹은 개가 이미 있는 집에) 새로운 고양이를 데려갈 때는 집사로서 사전에 약간의 노력을 기울여야 합니다. 특히 잠시 맡는 것이 아니라 앞으로 쭉 함께 할 동생을 입양하는 경우라면 그런 노력이 더더욱 필요합니다.

실제로 우리나라든 해외든 다른 반려동물보다 유독 고양이를 2마리 이상 키우는 경우가 많습니다. 이는 통계로 입증됐지요.

➡ 더 알아두라냥 ❸

두 마리 이상의 고양이를 함께 키우면 여러 가지 이점이 있습니다. 함께 운동을 하고, 상호작용을 하고, 교감을 나누면서 신체적, 정신적으로 안정 상태를 유지하는 것이 가장 큰 장점입니다. 신체적, 정신적으로 안정화되기 때문에 공격행동과 같은 문제행동을 보일 가능성도 낮아집니다. 또한 혼자 그루밍하지 못하는 구석구석까지 서로 그루밍을 해줌으로써, 더욱 청결한 털 관리가 가능해진다는 점도 장점이라면 장점입니다.

단, 이러한 장점들은 여러 고양이들이 불만 없이 잘 지낸다는 전

제하에 가능한 것입니다. 서로 잘 지내려면 고양이들끼리의 성격도 잘 맞아야 하지만 환경적인 요소도 중요합니다. 영역동물인 고양이에게는 환경적인 요소 중에서 역시 '공간'이 가장 중요합니다. 고양이 한 마리당 최소 10㎡의 공간과 2m 이상의 높이가 제공되어야만 공격적인 행동이나 불안 증세를 보이지 않는다는 연구결과도 있습니다. 고양이에게는 넓이뿐만 아니라 수직공간인 높이도 매우 중요합니다. 화장실 수도 중요한데, 고양이 마리 수 이상(최소 고양이수+1)으로 마련해줘야 하며 스크래쳐, 숨는 공간, 쉬는 공간 등도 추가로 마련해야 합니다. 고양이의 성격에 따라 식사 공간도 분리시켜줘야 할 수도 있습니다.

그럼 어떤 고양이끼리 함께 키우는 것이 좋을까요? 우선 가장 기본적인 원칙은 어릴 때부터 같이 키울수록 서로 잘 지낼 가능성이 높다는 것입니다. 가장 좋은 것은 동배 출신의 형제를 어릴 때부터 같이 키우는 것이겠죠. 만약 동배 출신이 아니라면 7주 이하의 어린 개체를 함께 키우는 것이 좋습니다. 그럼 사회화 시기를 함께 겪기 때문에 더 끈끈한 친밀감을 갖게 됩니다.

이와 다르게 추가 입양시에는 무엇을 고려해야 할까요? 만약 집에 한 마리의 고양이를 키우고 있었다면, 추가로 입양한 고양이와 기존의 고양이와의 사이를 친하게 만들기 위해 많은 시간과 노력이 들 수 있다는 점을 반드시 기억해야 합니다. 집사의 극진한 노력이 있어도 서로 친하게 지내지 못하는 경우도 있고, 별다른 노력 없이 처음부터 친하게 지내는 경우도 있습니다. 따라서 둘째 혹은 셋째, 넷째 등 추가 고양이를 입양하고 적응시키는 것은 말 그대로 '케바케(케이스 바이 케이스)'의 문제입니다. 고양이마다 성격이 모두 다르기 때문입니다.

또 만약 내 고양이가 다른 고양이들과 있을 때(고양이 카페 등에서) 잘 지낸다면 추가 입양이 더 수월하고, 잘 지내지 못한다면 추가 입양이 더 어려울 수도 있습니다. 그런데 여기에서 중요한 것은 낯선 고양이 한 마리를 처음으로 소개했을 때 잘 지냈다고 해서 다른 모든 고양이와도 잘 지낼 것이라는 생각은 큰 오산이라는 것입니다. 다시 말하지만 추가 고양이 입양은 '케바케'입니다. 원래 집에 있던 고양이가 거부 행동을 보일 수도 있고, 반대로 원래 집에 있던 고양이가 먼저 다가가서 관심을 보이는데 새로 온 고양이가 거부하는 경우도 있습니다.

동배 고양이 형제와 함께 지내는 고양이들도 있습니다. 그런데 평생 동안 함께 살다가 형제를 먼저 떠나보내고 혼자 남게 되면, 최대 몇 달 동안 형제를 그리워하면서 슬퍼하는 걸 볼 수 있습니다. 사람처럼 고양이도 밥을 적게 먹거나 구슬프게 우는 식으로 슬픔을 표현합니다. 이 모습이 안쓰러워 다른 고양이의 입양을 고려하는 집사들이 많습니다. 그런데 이때 매우 신중한 결정이 필요합니다. 형제 고양이를 잃은 슬픔으로 예민해진 상황에서 다른 고양이를 소개하면 오히려 안 좋은 첫인상을 심어주기 때문입니다. 슬픔을 다 이겨내고 마음이 안정되었을 때 추가 입양을 고민해 봐도 늦지 않습니다. 또한 오랫동안 혼자 살아온 고양이에게는 둘째 고양이의 존재가 오히려 '동거 불안'을 일으킬 수도 있기 때문에 좋지 않을 수도 있습니다. 자기 혼자 오랫동안 차지했던 영역을 다른 고양이와 나눠 써야 한다는 점이 스트레스로 다가오는 것입니다.

둘째를 입양할 때 적절한 나이와 성별을 묻는 경우도 많습니다. 이것 역시 정답처럼 정해진 규칙은 없습니다. 하지만 참고할 만한 몇 가지 연구결과가 있습니다. 스위스의 한 연구보고에 따르면, 성묘의 경우 자기와 비슷한 연령이나 더 나이가 많은 고양이보다 어린 고양이를 더 잘 받아들인다고 합니다. 따라서 추가 입양을 할 때는 기존 고양이보다 더 어린 고양이를 찾는 것이 좋을 듯 합니다. 또한 다른 성별의 고양이들이 서로를 더 잘 받아들이는 경향이 강하며, 같은 성별 중에서는 암컷-암컷보다 수컷-수컷이 조금 더 서로를 잘 받아들인다는 연구 결과도 있습니다.

그리고 암컷 성묘의 경우(특히 출산/육아 경험이 있는) 새로 입양한 새끼 고양이를 더 잘 돌보고 여러 가지 사회적인 행동 역시 잘 가르친다는 보고도 있습니다. 말 그대로 어미의 역할을 하는 것입니다.

마지막으로, 서로 성격이 잘 맞을 것 같은 고양이를 찾더라도 덜컥 추가 입양을 결정하지 말고 일정기간 동안 탁묘 혹은 임보를 해

보면서 실제로 잘 지낼 수 있는지 확인하는 것도 좋은 방법입니다.

고양이 추가 입양을 결정한 뒤, 잘 지낼 수 있도록 서로를 잘 소개시켜주는 것도 중요합니다. 일반적으로 반려견의 추가 입양보다 반려묘의 추가 입양 때 더욱 긴 적응시간이 필요합니다. 기존의 고양이 입장에서는 자신의 영역을 침범당한 꼴이므로 털을 세우고 하악질을 하거나 스프레이를 하기도 하고, 그런 수준을 넘어서 스트레스 때문에 털이 많이 빠지고 피부병이 발병하는 경우도 있습니다. 밥을 안 먹고 헛구역질을 하는 고양이도 있습니다.

따라서 고양이가 이미 있는 집에서 추가로 고양이를 입양할 때는 바로 인사시키기보다 여유를 가지고 천천히 조심스럽게 소개하는 것이 좋습니다. 서로를 갑자기 강제로 마주보게 하기 보다는 서로의 냄새가 밴 수건이나 담요 등을 먼저 교환해 냄새를 충분히 맡게 하는 게 좋습니다. 이때 맛있는 간식을 같이 줘서 상대방의 냄새가 좋은 냄새라고 각인시키는 것도 좋은 방법입니다. 그렇게 냄새를 어느 정도 인식시켰으면, 새로 온 고양이를 케이지에서 꺼내지 않은 채로 약간 멀리서 서로를 인사시키면서 조금씩 그 거리를 좁혀가는 것이 좋습니다. 서로 어느 정도 적응이 된 것 같으면 케이지에서 꺼내줘서 정식으로 인사하게 합니다.

여기에서 가장 중요한 것은 급하게 서로를 인사시키지 말고 천천히, 조심스럽게 좋은 인상을 주면서 인사시켜야 한다는 것입니다.

특히 원래 집에 있던 고양이의 입장을 잘 헤아려줄 필요가 있습니다. 또한 전염병 등의 위험으로부터 안전해야하기 때문에 새로 온 고양이가 예방접종이나 구충 등이 완벽하게 됐는지 꼭 점검하고, 혹시 되어있지 않다면 먼저 예방접종 후에 2주 정도 격리하여 만에 하나 있을 수 있는 질병 전파를 미리 방지하는 것이 좋습니다.

낯선 사람과는
조금 천천히

고양이는 낯선 환경과 마주하거나 처음 보는 동물 또는 물건을 접할 때, 그리고 자신의 신변에 위협을 느낄 때 '더 이상 다가오지 마!'라는 경고의 의미로 날카로운 이빨을 드러내며 위협적인 소리와 함께 '하악질'을 합니다. 예전에 동물병원에서 실습할 때 "하악질하는 걸 처음 봤어요."라고 말하는 보호자들을 종종 보았습니다. 집에서는 한 번도 하악질을 하지 않았던 고양이가 동물병원에서 생전 처음으로 위협감을 느끼고 하악질을 한 것입니다. 아무래도 다른 동물들의 냄새도 나는데다가 처음 보는 환경이다 보니 두려움을 느낀 거죠. 하악질을 처음 본 보호자는 내 고양이의 상남자 같은 모습에 크게 놀라는 경우가 많습니다.

물론 제가 못 본 것일 수도 있지만 루리는 7살이 될 때까지 하악질을 한 번도 하지 않았습니다. 하도 루리가 하악질을 안 하기에, 어미에게 하악질을 배우지 못했기 때문에 혹시 하악질을 못하는 건 아닐까하고 생각했던 시절도 있었습니다. 하지만 루리가 7살이던 어느 날 사촌 조카들이 집에 놀러왔을 때 저의 그런 말도 안 되는 착각은 완전히 산산조각이 났죠. 루리도 하악질을 한다는 사실을 알게 되면서 하악질은 누가 가르쳐주는 게 아니라 고양이라면 누구나 할 수 있는 고유의 본능이라는 사실을 깨닫게 되었습니다.

사실 그 사건이 있기 전까지 우리 집에 놀러온 사람들은 대부분 루리에게 큰 관심을 보이지 않거나 아니면 매우 조심스럽게 루리에게 접근했습니다. 그러면 루리는 둘 중 한 가지 반응을 보였죠. 철저히 무시하고 자기 하고 싶은 행동을 하거나, 아니면 관심을 보이고 다가와서 친한 척을 하거나. 루리는 아예 자기를 쳐다보지도 않고 관심을 보이지 않는 사람에게 먼저 다가가서 아는 척을 하는 경우가 많습니다. 마치 '이 인간은 뭔데 나에게 관심을 보이지 않는 거지?'라며 호기심을 갖는 것처럼 말입니다. 이때 천천히 다가가 냄새를 맡고 관심을 표현하는데, 그래도 사람이 별다른 반응을 보이지 않으면 아예 그 사람의 다리에 기대서 잠을 자기도 합니다. 아마 '이 사람은 나에게 위협을 주는 사람이 아니다'라고 판단한 모양입니다.

그와 반대로 "루리야, 안녕.", "이리와 봐."라고 하면서 친한 척을 하는 사람은 오히려 무시하거나 피하는 경우가 많습니다. 그만큼 루리는 도도한 고양이이며, 개냥이와는 거리가 멉니다.

> 흔히 개처럼 사람을 좋아하고 잘 따르는 고양이를 '개냥이'라고 부릅니다. 이런 고양이들은 고양이 고유의 매력인 '도도함'보다는 강아지 같은 '애교'가 매력입니다.

이런 루리가 사람을 무시하거나 피하는 경우는 종종 있었어도 하악질을 하는 경우는 없었습니다. 그런데 앞서 말한 것처럼 루리가 7살이던 어느 날, 당시 초등학교 5학년과 2학년이었던 남자 조카 둘이 집에 놀러왔습니다. 조카들은 집에 오자마자 루리를 보고 "고양이다~!!"라고 외치며 달려들었습니다. 그 기세에 놀란 루리는 털을 세우고 제대로 된 하악질을 하며 '더 이상 가까이 오지 말라'는 경고를 보냈죠. 그것이 제가 본 루리의 첫 번째 하악질이었습니다. 그때 빨리 상황 판단을 해서 조카들을 말렸어야 했는데 루리의 하악질을 처음 본 저는 그저 신기해서 "오, 루리도 하악질을 할 줄 아네."하며 태연하게 상황을 방치하고 말았습니다. 이것이 큰 잘못이었다는 것을 깨닫는 데에는 그리 오랜 시간이 걸리지 않았지요.

물론 조카들도 저와 마찬가지로 사태의 심각성을 파악하지 못했습니다. 조카들은 오히려 하악질을 하는 루리에게 더 다가가서 루리를 만지려고 했고, 루리는 거의 기겁을 하며 자리를 피하고 말았습니다. 결국 우리는 루리를 방에 두고 거실에서 저녁을 먹으면서 시간을 보낼 수밖에 없었습니다. 식사 도중 루리의 상태가 궁금해진 저는 방문을 살짝 열고 루리를 관찰했습니다. 루리는 식빵 자세로 침대위에서 가만히 저를 바라보았죠.

고양이가 앞발, 뒷발을 몸 아래로 접어 넣고 있는 모습을 '식빵 자세'라고 합니다. 발을 모두 접은 고양이의 모습이 마치 식빵과 비슷하기 때문입니다. 사람이 보기에는 불편해 보이고 다리에 피가 안 통할 것 같지만 고양이는 식빵 자세로 잠을 자는 경우도 많은 걸 보면 그 자세가 별로 불편하지 않은 모양입니다.

고양이는 심심하거나 지루할 때, 추위를 느낄 때, 쉬거나 자고 싶을 때 식빵 자세를 취하는 것으로 알려져 있습니다. 하지만 간혹 매우 아플 때도 식빵 자세를 취할 때가 있으므로 주의가 필요합니다. 자신의 고양이가 어두운 구석에서 오랫동안 식빵 자세로 가만히 있다면 혹시 어디가 아픈 것은 아닌지 확인할 필요가 있습니다.

식빵 자세로 가만히 있는 모습에 안타까움을 느낀 저는 루리를 위로해 주고 싶은 마음에 "루리야, 아까 놀랐지."라

고 말하며 가까이 다가갔습니다. 그런데 그 순간! 루리는 제게도 제대로 하악질을 했죠. 분이 덜 풀린 것인지, 아니면 조카들을 제대로 말리지 않은 절 탓하는 것인지 루리는 제게도 하악질을 연거푸 날리며 위협했습니다. 그런 루리의 모습에 크게 충격을 받은 저는 그 이후로 집에 손님이 오면 고양이에게 천천히, 그리고 조심스럽게 인사하도록 신신당부하곤 합니다.

고양이와 아기의 조합, 오해하지 마세요

앞서 친누나의 상견례가 동물 덕분에 어색하지 않았던 일화를 소개했습니다. 그렇게 결혼한 누나는 약 2년 만인 2015년 8월에 남자아이를 출산했습니다. 제게도 친조카가 생긴 것입니다. 조카의 이름은 정이안입니다. 누나는 이안이를 낳고 정기적으로 집에 왔습니다. 자주 올 때는 일주일에 한 번씩 찾아온 덕분에 저는 루리가 갓난아이를 어떻게 대하는지 자세히 관찰할 수 있었습니다. 단순히 관찰하는 수준을 넘어 이안이가 조금씩 커가면서 서로의 관계가 어떻게 변하는지 지금까지도 계속 확인중입니다.

결론부터 얘기하면 루리는 이안이에게 큰 관심을 보이지 않았고, 또 지금도 그렇습니다. 이안이가 처음 집에 오던 날, 혹시나 사

가까이 오지 말라냥

촌 조카들이 집에 왔을 때처럼 하악질을 하지는 않을까, 혹시 이안이의 존재 때문에 스트레스를 받지는 않을까 걱정했습니다. 하지만 루리는 이안이의 냄새를 맡으며 약간의 호기심을 보였을 뿐 거의 이안이를 신경 쓰지 않았습니다. 마치 눈앞에 이안이가 없는 것과 다름없이 행동했습니다. 원래 자신에게 위협을 가하지 않으면 특별히 신경을 쓰지 않는 고양이 특유의 쿨한 성격 때문인지, 아니면 루리가 나이가 들어 만사가 귀찮아진 것인지는 모르겠습니다.

이 부분에서 꼭 언급하고 싶은 이야기가 있습니다. 고양이를 기르던 가정에서 임신을 하거나 아기가 태어나면 흔히 '고양이를 다른 곳에 보내야 한다', '고양이가 아기에게 안 좋은 영향을 줄 수 있다'고 이야기하는 사람이 많습니다. 하지만 이는 과학적인 근거가 전혀 없는 막연한 추측이며, 유독 우리나라에서만 통용되는 잘못된 상식입니다.

가장 많이 하는 오해는 고양이의 털이 아이의 호흡기에 안 좋은 영향을 준다는 것입니다. 하지만 실제로는 동물 털이 아이의 폐까지 도달할 가능성은 없습니다. 신생아라 하더라도 태어날 때 이미 코털과 점막의 점액 및 섬모는 성인처럼 갖춰져 있기 때문에 동물 털은 비강을 뚫지 못하고 걸리게 됩니다. 실제 폐까지 도달하는 물질은 눈에 보이지 않을 정도로 작은 크기여야 합니다. 그러므로 눈에 보이는 동물 털은 아이의 코를 통과하지 못해서 호흡기에 큰 영향을 줄 가능성이 없다고 생각하는 게 맞습니다.

두 번째로 많이 하는 오해는 동물이 갓난아이에게 알러지를 일으킨다는 것입니다. 하지만 재미있게도 오히려 개, 고양이와 함께 자란 아이일수록 아토피와 알러지성 비염의 발생 확률이 적어진다는 연구결과가 있습니다. 미국의사회지에 실린 조지아 대학 연구팀의 연구결과에 따르면 어릴 때 집에서 2마리 이상의 개나 고양이와 함께 살아온 아이들의 경우 오히려 아토피성 피부염, 알러지성 비염, 천식이 반으로 줄어들고, 동물 털, 먼지, 진드기, 바퀴벌레, 곰팡이, 꽃가루, 미세먼지 등 각종 알러지 요인으로부터 해방된다고 말합니다. 동물을 전혀 키우지 않는 가정의 아이들의 경우 약 15%가 알러지성 질환에 시달리게 되는데, 반려동물을 한 마리 이상 키우는 가정의 아이의 경우 약 12%, 두 마리 이상을 키우는 가정의 경우 약 8%까지 수치가 낮아졌습니다.

그런 의미에서 보면 아이들 스스로 면역체계를 키워나가는 기회로써 다양한 환경에 노출되는 것이 중요하다고 여겨집니다. 반려동물과 함께 자란 아이들의 면역력이 오히려 더 높은 건 이러한 원리가 작용한 것이 아닌지 조심스럽게 추측해 봅니다.

　이외에도 고양이와 함께 자라는 아이들이 감정이 더 풍부하고 공감 능력이 발달하며, 의사소통 능력이 더 뛰어나다는 연구 결과도 있습니다. 그만큼 반려동물은 사람에게 안정감을 주고 자존감을 높여준다고 할 수 있습니다.

　분명히 말하지만 고양이와 아기는 충분히 함께 잘 지낼 수 있고 또 좋은 친구가 될 수 있습니다. 다만 약간의 노력이 필요할 뿐입니다. 개는 사람을 자신과 다른 존재로 인식합니다. 개가 사람을 봤을 때 행동이 변하고, 다른 개랑 놀 때와 사람이랑 놀 때 차이를 보이는 것은 개가 인간을 '개가 아닌 다른 존재'로 인식한다는 증거입니다.

그러나 아직까지 고양이가 사람을 고양이가 아닌 다른 존재로 인식한다는 연구는 없습니다. 그래서 많은 사람들이 고양이는 사람을 '큰 고양이'라고 생각할 것이라고 추측합니다. 즉, 사람을 보면서 '스크래치를 하지 않고, 앞발을 들고 다니고, 식탁에서 밥을 먹는 특이한 고양이'라고 인식한다는 것입니다.

이 추측이 맞다면 고양이는 새로 태어난 아기를 무조건 싫어하고 경계할 이유가 없습니다. 그저 다른 고양이가 새롭게 등장한 것과 같은 반응을 보일 뿐입니다. 때문에 아기와 고양이를 인사시키는 집사의 역할이 더 중요해지는 것입니다. 잘만 노력한다면 오히려 새롭게 나타난 고양이보다 아기를 덜 경계하게 만들 수도 있습니다. 고양이는 발달된 후각을 통해 사람이 임신한 사실을 파악할 수 있다고 알려져 있습니다. 때문에 임신기간 동안 고양이에게 아기의 존재를 알려주는 노력을 기울인다면, 아기와 고양이가 친해지는 시간을 훨씬 단축시킬 수 있을 것입니다.

→ 더 알아두라냥 ❹

이안이가 갓난아기일 때는 이안이도, 루리도 서로에게 별 관심을 보이지 않았습니다. 하지만 이안이가 커가면서 상황은 변했습니다. 이안이에게 관심이 없는 루리와 달리 이안이가 점점 루리에게 관심을 보이는 것입니다. 이안이가 조금씩 사물을 알아보고 옹알이를 시작할 때쯤 루리도 알아보기 시작했습니다. 처음에는 루리를 똑바로 쳐다볼 뿐이었지만, 나중에는 손가락으로 가리키기도 하고 루리를 보면 '으어~'하면서 소리를 지르기도 했습니다. 바닥을 기어 다닐 수 있게 되면서부터는 루리 쪽으로 빠르게 기어가기도 합니다. 또 루리를 만질 수 있을 정도로 가까워지면 꼬리를 잡아당기거나 루리의 털을 세게 잡아당길 때도 있습니다. 아직 고양이를 어떻게 다뤄야 하는지 모르기 때문에 벌어지는 일입니다.

물론 루리는 여전히 그런 이안이에게 별다른 반응을 보이지 않고, 오히려 귀찮은지 다른 곳으로 피하는 경우가 대부분입니다. 이안이가 아무리 귀찮게 하고 잡아당겨도 이안이에게 위협적인 행동을 전혀 하지 않습니다. 아마 이안이의 행동에 악의가 없고, 이안이가 어린 아이라는 것을 루리도 아는 것 같습니다.

이안이가 앞으로 커가면서 루리와 어떻게 지내게 될지, 둘 사이의 관계가 어떻게 발전할지 기대가 됩니다. 지금까지의 모습을 지켜봤을 때 루리는 계속 이안이에게 별 관심을 보일 것 같지 않기 때문에, 이안이에게 고양이와 잘 지내는 법을 조금씩 가르치는 것이야말로 우리 가족이 해야 할 일인 것 같습니다. 동물도 생명이기에 소중하게 대해야 하며, 고양이가 싫어하는 행동이 무엇인지 알려주는 것 등등 말입니다. 그렇게 어릴 때부터 동물을 어떻게 대해야 하는지 알려주면 자연스레 동물보호복지에 대해서도 올바른 가치관이 확립될 거라 생각합니다.

그루밍을해도
더위가 가시질 않아

해가 갈수록 여름의 무더위는 극심해지는 중입니다. 심한 더위는 사람도 지치게 만들지만 고양이도 지치게 만듭니다. 날씨가 더워질수록 루리의 활력은 눈에 띄게 줄어들죠. 그저 시원한 타일에 배를 깔고 누워있거나 거실 한복판에 몇 시간이고 벌러덩 누워 있을 뿐입니다. 5년 전쯤 낮 기온이 38~39도에 육박했을 때는 하루 종일 아무것도 안하고 가만히 지낸 적도 있습니다. 식욕도 평상시보다 떨어지는 모양인지 사료를 남길 때도 종종 있었습니다.

수십 년 만에 최악의 더위를 겪었던 작년에는 루리의 움직임이 더 둔해졌습니다. 5년 전보다 나이도 더 들었기 때문인 건지, 거의 여름 내내 하루 종일 별다른 움직임을 보이지 않을 정도였습니다. 등을 바닥에 대고 대자로 누워 천장을 가만히 바라보며 시간을 보내는 경우가 많았는데, 그 큰 몸이 사람처럼 누워있는 모습을 보면 가히 '장관'입니다.

일반적으로 고양이는 개보다 열을 더 잘 견딥니다. 개의 경우 주변 기온이 28~29도 정도가 되면 체온이 상승하기 시작하는데 비해, 고양이는 32도까지도 체온변화 없이 잘 견디는 것으로 알려져 있습니다. 하지만 지난해 여름처럼 매일 32도를 가볍게 뛰어넘고 밤에도 열대야가 지속되면 고양이도 지치기 마련입니다. 고양이도 개와 마찬가지로 몸에 땀샘이 없기 때문에 사람처럼 땀을 흘려 체온을 낮출 수가 없습니다. 결국 땀을 흘리지 못하는 고양이는 개처럼 헐떡임을 통해 체온을 낮춰야 하는데 신기하게도 고양이가 헐떡이는 모습은 거의 볼 수 없습니다. 여름철이 되면 개가 헐떡이는 모습은 어디서나 쉽게 볼 수 있는 데 말입니다.

고양이가 개처럼 헐떡이지 않는 데에는 개보다 더위를 더 잘 견디는 특성과 함께, 고양이 특유의 그루밍이 일정 부분에 도움을 주기 때문입니다. 고양이가 그루밍을 할 때 몸에 묻은 침이 증발하며 체온을 낮추기 때문에 개처럼 헐떡임을 할 필요가 없는 것입니다. 실제로 고양이가 더위를 느끼면 침이 더 묽어집니다. 침의 물 성분이 더 많아지면서 증발을 통해 체온을 더 많이 낮출 수 있게 되는 것입니다. ➔ 더 알아두라냥 ❺

한 가지 안타까운 건 루리가 나이 들수록 더위를 더 힘겨워 한다는 사실입니다. 해가 갈수록 여름철에 활력이 떨어지고 힘들어하는 모습에 가슴 아플 때가 많습니다.

고양이가 개에 비해 더위를 잘 견딘다고는 하지만 계속 더운 환경 속에 있으면서 체온을 낮추지 못하면 열사병에 걸릴 수도 있습니다. 따라서 고양이의 몸이 평상시보다 뜨겁거나, 혀가 심하게 빨갛게 변했거나, 헉헉거리면서 입으로 숨을 쉬거나, 식욕부진 및 구토 등의 증상을 보인다면 동물병원에 가보는 것이 좋습니다.

나이가 들어가는
고양이와 산다는 것은

사람이 나이를 먹는 것처럼 고양이도 나이가 들어갑니다. 루리가 우리 집에 온 지도 벌써 만 9년이 넘었습니다. 새벽마다 우다다를 해서 가족들을 깨우고, 레이저포인터 불빛을 보자마자 사냥 자세를 취하고, 사료를 순식간에 먹어 치우고, 간식은 없어서 못 먹을 정도로 잘 먹고, 밥을 먹을 때면 여지없이 옆으로 다가와서 '차마 거부할 수 없는' 애절한 눈빛을 보내고, 창문을 통해 날아다니는 새나 바깥에 있는 길고양이들과 기 싸움을 하던 루리의 모습은 이제 보기 어려워졌습니다. 루리의 우다다는 못 본지 오래됐고 이제는 레이저포인터를 봐도 시큰둥해합니다.

루리가 나이가 들었다는 걸 식사 습관에서도 느낄 수 있습니다.

이제는 사료를 남기는 경우가 허다하거든요. 우리 집은 오래 전부터 자동급식기를 이용해왔습니다. 자동급식기에서 정해진 때가 되면 사료가 정해진 양만큼 나오도록 설정해 놓은 것입니다.

  우리 집에 있는 자동급식기는 사료가 나옴과 동시에 멜로디가 흘러나오는데, 항상 루리는 멜로디가 들리기도 전에 급식기 쪽으로 뛰어왔습니다. 저는 그게 너무나 신기했죠. 루리가 자고 있든, 화장실에 있든, 창문으로 바깥 구경을 하고 있든 상관없이 갑자기 급식기 쪽으로 달려옵니다. 그리고 루리가 뛰기 시작하면 1~2초 후에 멜로디가 흘러나오면서 급식기에서 사료가 나옵니다. 아마 사료가 나오기 직전에 사람의 가청주파수 범위 밖의 소리가 루리의 귀에 먼저 들리는 모양입니다.

  고양이는 (사람은 물론이거니와)개보다 청각이 뛰어납니다. 가청주파수 범위가 약 45~64,000Hz로 매우 넓습니다. 사람의 가청주파수는 평균 64~23,000Hz이며, 개는 67~45,000Hz로 알려져 있습니다. 쉽게 말하자면 사람은 23khz의 주파수까지 들을 수 있고, 개는 45khz까지 들을 수 있는 데에 비해 고양이는 약 64khz까지 소리를 들을 수 있습니다. 또한 귀 주변의 근육이 사람보다 훨씬 많기 때문에 귀를 180도 각도로 움직일 수 있고, 소리가 나는 쪽으로 귀를 움직여 더 잘 듣습니다.

  특히 청소기 소리에 크게 놀라는 고양이가 많은데, 대부분의 고양이가 청소기 소리를 처음 들으면 화들짝 놀라 자리를 피합니다. 하지만 고양이는 낯선 소리를 빠르게 인지하고 반응하는 것뿐만 아니라, 익숙한 소리를 무시하는 데에도 일가견이 있기 때문에 청소기 소리에 익숙해지면 피하지 않고 그 소리를 무시하기도 합니다.

그렇게 자동급식기로 달려온 루리는 사료를 순식간에 해치웠습니다. 루리는 건사료(비뇨기에 도움이 되는 처방사료)를 먹는데, 사료를 먹을 때면 건사료 알갱이가 이빨에 의해 깨지는 소리가 가끔 들릴 뿐 마치 청소기가 먼지를 빨아들이는 것처럼 사료를 먹어 치웠습니다. 다 먹은 뒤에는 항상 급식기 입구에 앞발을 넣고 이리저리 움직여 사료를 몇 알 더 떨어뜨려 먹습니다. 그 사료는 다음 번 급식 시간에 제공될 사료 중 일부가 떨어지는 것이기 때문에 사실 루리가 먹는 절대 양은 똑같지만 말입니다. '조삼모사'라는 사자성어를 떠올리게 하는 루리의 귀여운 행동입니다. 루리는 이런 행동을 급식 시간마다 보여줘서 우리 가족을 웃게 하곤 했습니다.

그렇게 사료를 흡입하던 루리는 이제 자동급식기 멜로디가 들려도 꼼짝하지 않고 잠을 청합니다. 결국 자동급식기에는 사료가 자연스레 쌓이게 됐고, 결국 우리 가족의 의도와 상관없이 루리는 자율급식을 하게 되었습니다. 요즘에는 자고 싶을 때까지 자다가 사료를 먹고 싶을 때 자동급식기에 쌓여있는 사료를 알아서 먹습니다. 나이가 들면서 스스로 자율급식을 선택한 것입니다.

> 일정 시간을 정해두고 하루에 여러 번 사료를 제공하는 방식을 제한급식이라고 하고, 사료를 그릇에 충분히 쌓아두고 고양이가 먹고 싶을 때 먹도록 하는 방식을 자율급식이라고 합니다. 제한급식과 자율급식 모두 각각의 장단점이 있기 때문에 잘 고려해 보고 자신의 상황과 자신의 고양이에게 맞는 방법을 선택하는 것이 좋습니다. ➡ 더 알아두라냥 ❻
>
> 건사료와 습식사료 역시 장단점이 있습니다. 건사료는 치아관리에 도움을 주지만 수분 섭취량이 습식사료보다 적다는 단점이 있습니다. 습식사료는 수분섭취량을 늘려주지만 치아관리에는 건사료보다 도움이 되지 않습니다. ➡ 더 알아두라냥 ❼

루리는 나이가 들면서 간식을 먹는 습관도 변했습니다. 과거에는 어떤 간식을 줘도 바로 바로 먹던 루리가 이제는 사료 외에는 간식을 거의 먹지 않게 되었습니다. 이제 루리가 먹는 간식은 딱 한 가지뿐입니다. 다른 간식을 주면 냄새를 맡아본 뒤 바로 간식을 덮으려는 행동을 보입니다. 루리가 어릴 때는 상상할 수도 없던 행동이죠.

> 고양이에게 음식을 줬을 때 음식 주변 바닥을 긁으면서 마치 모래

로 음식을 덮으려는 듯한 행동을 보일 때가 있습니다. 이는 나중에 먹기 위해 음식을 숨기려는 행동이거나 상한 음식 또는 맛없는 음식의 냄새를 없애려는 행동이라고 볼 수 있습니다.

먼저 고양이는 맛있는 음식을 나중에 먹기 위해 숨겨두려는 습성이 있습니다. 지금은 그렇지 않지만 루리도 어릴 때 좋아하는 음식을 줬을 때 가끔 이런 행동을 보였습니다. 야생에서 고양이는 사냥에 성공하면 배불리 음식을 먹지만, 사냥에 실패하면 하루 종일 굶을 수도 있습니다. 따라서 배를 이미 채우고 난 뒤에도 음식이 남았을 경우, 사냥에 실패해서 굶을 때를 대비해 음식을 숨겨두려고 합니다. 이건 고양이의 본능이기 때문에 누가 가르쳐 주지 않아도 모든 고양이에게 그런 습성이 남아있습니다. 따라서 야생성이 강한 동물일수록 이렇게 음식을 덮어 숨기려는 행동을 많이 보인다고 합니다.

고양이가 음식을 덮는 듯한 행동을 보이는 두 번째 이유는 맛없거나 상한 음식을 치우기 위함입니다. 고양이는 음식을 냄새로 판단하는데, 사람이 맡았을 때는 괜찮아도 고양이의 뛰어난 후각으로 판단하기엔 상한 음식이거나 맛없는 음식인 경우가 있습니다.

요즘 사료와 단 한 종류의 간식 이외의 모든 음식을 덮으려고 하는 루리는 아마 두 번째 이유로 이런 행동을 보이는 것 같습니다. 나이가 들면서 굳이 다양한 음식을 먹고 싶지 않아진 것입니다.

사실 많은 사람들이 고양이에게 사람 음식을 줘도 되냐고 물어옵니다. 그러면 저는 '사료만 먹이는 것이 좋다'고 대답합니다. 고양이가 먹으면 안 되는 음식은 포도, 초콜릿, 양파, 커피 등 다양한데, 이를 하나하나 다 기억하기란 어렵기 때문에 고양이 전용 사료와 간식만 주는 것이 가장 좋다고 말하는 것입니다. 말은 이렇게 하지만 사실 고양이의 애절한 눈빛을 외면하기란 정말 어렵습니다. 지금은 루리가 관심도 갖지 않지만 어릴 때는 제가 밥을 먹을 때 늘 곁으로 와서 음식을 달라고 요구했습니다. 식탁 의자 옆에 다소곳이 앉아 애절한 눈빛으로 저를 쳐다보았죠. 마음이 약해지지 않기 위해 루리를 쳐다보지 않으면 루리는 일어서서 앞발로 제 팔을 툭툭 칩니다. 그러면 저도 모르게 루리를 쳐다볼 수밖에 없고 그렇게 눈이 마주치는 순간 음식을 줄 수밖에 없습니다. 지금은 사료와 간식 외에 스스로 아무것도 안 먹는 루리지만, 어릴 때는 생선, 고기, 회, 심지어 밥과 김까지 안 먹는 음식이 없을 정도로 사람 음식을 먹곤 했습니다. 물론 아주 조금씩 줬지만 말이죠.

지금은 처방식 사료와 간식만 먹기 때문에 루리의 건강에는 더 도움이 될 것입니다. 하지만 때로는 애절한 눈빛을 보내면서 음식을 달라고 요구하던 어린 시절의 루리가 그립기도 합니다.

루리가 나이 들어가면서 생긴 가장 큰 행동 변화는 바로 '애교가 늘었다는 점'입니다. 활력은 줄어들었는데 반대로 애교는 늘어난 것이 신기할 따름입니다. 과거에는 집을 오랫동안 비웠다가 돌아갔을 때 자다가 '애앵~'하는 소리를 내면서 뛰어나와 애교를 부리는 것이 루리의 거의 유일한 애교였습니다. 그것도 매번 그러는 것은 아니고 아주 가끔 그런 모습을 보여줬습니다. 그러던 루리가 지금은 시도 때도 없이 먼저 저에게 다가와서 애교를 부리곤 합니다. 제가 거실에 앉아있을 때나 침대에 누워있을 때면 '애앵~'하고 다가와서 자기 몸을 비빕니다. 그때 조금만 얼굴 주변을 긁어주면 바로 골골송을 부릅니다. 물론 그러다가 어느 순간(자기가 이제 충분히 만져졌다고 느끼는 순간)이 되거나 배를 만지려고 하면 손을 살짝 깨물면서 '그만 만져'라는 신호를 보냅니다.

> 고양이의 몸 비비기(Rubbing) 행동은 좋아하는 대상에게만 보여주는 행동입니다. 고양이는 자신이 좋아하는 대상에 몸을 비비며 자신의 채취를 묻히는데, 이 냄새는 고양이만 맡을 수 있습니다.
> ➡ 더 알아두라냥 ❽

또 저와 함께 자는 시간도 늘었습니다. 과거에 비해 침대로 올라와서 같이 자거나 가만히 있는 제 옆에 와서 몸을 기대고 자는 일이 부쩍 늘었습니다. 루리의 애교가 많이 늘었지만 제가 점점 바

빠지면서 많은 시간을 함께 보내지 못하는 것이 늘 아쉽습니다. 이렇게 나이를 먹으면서 애교가 늘어나는 것은 아마 나이와 함께 외로움도 늘어나기 때문인 것 같습니다.

> 고양이의 나이를 사람 나이에 비교해서 추정하는 몇 가지 방법이 있습니다. 만 9살이 넘은 루리는 사람으로 치면 이미 50대가 넘었습니다. 루리는 이제 아줌마 고양이가 된 것입니다.

➜ 더 알아두라냥 ⑨

물론 애교가 늘었다고 하더라도 여전히 이름을 불렀을 때 제게 달려오지는 않습니다. 가끔 '이름을 들었으니 더 이상 귀찮게 하지 말라'는 표시로 꼬리를 한 번 움직여주면 그것만으로도 그저 감사할 따름입니다. 아, 최근에는 '아앙' 하면서 대답을 해 주기도 합니다.

고양이는 나이가 들어갈수록 질병 발생도 많아집니다. 질병 외에도 노화에 따른 정상적인 변화로, 눈과 턱 주변에 흰 털이 늘어나고 홍채의 색도 부분적으로 변해갑니다. 이런 변화들은 시간의 흐름에 따른 자연스러운 것이라는 걸 알면서도 늘 애처로운 마음이 듭니다.

그런데 정상적인 변화가 아닌 노령묘에게 찾아오는 질병은 사전에 꾸준한 예방 노력이 필요할 뿐만 아니라 질병 진단 이후엔 관리가 매우 중요합니다. ➡ 더 알아두라냥

1 잡종이 더 건강해요

고양이를 기르려는 사람들 중에서 품종묘만 찾는 사람들이 있습니다. 하지만 품종묘는 근친교배가 이뤄지는 경우가 많기 때문에 유전적으로는 좋지 않습니다. 유전병이 후대에도 전달되고, 예상치 못한 돌연변이가 발생하여 건강에 안 좋은 영향을 미치기 때문입니다.

털 없는 고양이 스핑크스의 경우, 1960년대 캐나다에서 돌연변이로 짧은 털로 태어난 고양이가 품종의 기원이 되었습니다. 그런데 더욱 털이 없는 종을 만들기 위해 사람들이 인위적으로 근친교배를 시키다 보니 이제는 고양이들에게 없어서는 안 되는 수염조차 없이 태어나는 고양이도 있습니다. 털이 워낙 짧다 보니 털 날림이 없어 인간에게는 편할지 모르지만, 고양이는 털이 없기 때문에 체온 조절이 힘들고 햇빛에 노출되어 자칫하면 화상을 입을 수도 있습니다.

접힌 귀로 귀여움을 발산하는 스코티시폴드 역시 1960년대에 자연적으로 귀가 접히는 연골 기형이 발생하여 스코티시 '폴드(fold)'라는 이름으로 불리게 되었습니다. 하지만 이렇게 귀가 접혀있는 종끼리 교배를 하면 골연골이형성증이라는 질병이 발생합니다. 근친교배를 통해 인간이 원하는 품종의 고양이를 생산하려는 욕심이 동물들을 아프게 하는 것입니다. 때문에 독일에서는 동물보호법상으로 스핑크스 고양이의 교배를 금지하고 있을 정도입니다. 과거엔 왕족이나 귀족끼리 결혼하는 경우가 많았는데, 그때에도 유전질환을 가진 자식이 많이 태어났다고 전해집니다. 같은 원리로 동물 역시 순종만을 고집할 경우 부작용이 생길 수 있습니다.

2 고양이를 억지로 산책시키지 않아도 돼요

고양이는 영역동물입니다. 일반적으로 집에서 기르는 고양이는 그 집 자체가 자신의 영역인 경우가 대부분입니다. 집안에 밥을 먹는 곳도 있고, 낮잠을 자는 곳도 있고, 물을 마시는 곳도 있고, 햇볕을 쬐면서 쉬는 곳도 있고, 밖을 관찰하는 곳도 있고, 숨을 곳도 있기 때문에 집이 크지 않더라도 그 안에서 생활하는 것에 편안함을 느낍니다. 즉, 고양이에게 집은 그 자체로 모든 것이 갖춰진 자기 고유의 영역이고, 그 외의 공간에 대한 호기심을 가질 수는 있지만 영역 안에서 살아가는 데에 만족감을 느끼는 것입니다. 그렇기 때문에 '고양이가 집에만 있어서 심심하지 않을까'라는 생각은 고양이의 입장이 아닌 사람의 입장에서 나온 생각입니다. 따라서 고양이가 밖에 나가는 걸 좋아하지 않는다면 억지로 데리고 나갈 필요가 없습니다. 대부분의 집에서 사는 고양이들은 밖에 나가지 않지만, 가끔 개처럼 산책을 즐기는 산책냥이도 있습니다. 고양이 집사들 중에서는 산책냥이 집사를 부러워하는 경우도 종종 있긴 합니다.

만약 자신이 키우는 고양이가 산책을 원한다면 목줄을 하거나 케이지에 넣어서 유실 위험이 없도록 하는 것이 중요합니다.

3 고양이는 고양이를 불러요

개 보호자에 비해 고양이 집사들이 동물을 2마리 이상 키우는 비율이 더 높습니다. 농림축산검역본부 자료에 따르면, 2012년 기준으로 개를 기르는 사람들은 평균 1.38마리의 개를 기르는 데에 비해 고양이 보호자들은 1.70마리의 고양이를 키우는 것으로 조사되었습니다(동물보호에 대한 국민의식 조사결과, 2012). 특히 고양이 평균 마리 수는 2006년 1.91마리, 2010년 1.92마리로 거의 2마리에 육박했습니다. 그만큼 고양이 여러 마리를 동시에 키우는 사람이 많다는 것입니다.

이런 경향은 우리나라 뿐 아니라 해외에서도 확인할 수 있습니다. 미국의 경우, 전체 가구의 약 68%에서 반려동물을 키우고 있는데 개를 기르는 가구가 5,670만 가구, 고양이를 기르는 가구가 4,530만 가구였습니다. 그런데 개를 기르는 가구가 더 많음에도 불구하고 고양이의 숫자가 개의 숫자보다 더 많았습니다. 반려견 수는 8,330만 마리로 추정되는데, 고양이 수는 9,560만 마리로 추정되었습니다. 개를 키우는 집이 더 많은데 고양이 숫자가 개보다 많은 것은 미국 역시 우리나라처럼 고양이를 2마리 이상을 기르는 비율이 개보다 훨씬 높기 때문입니다.

4 아기와 고양이가 같이 지낼 때 필요한 노력

고양이와 아이가 잘 지내게 하기 위해서는 몇 가지 노력이 필요합니다. 우선 임신했을 때부터 고양이에게 '이제 곧 아기가 태어날 거야', '아기가 태어나면 잘해 줘야 해.' 등의 이야기를 꾸준히 하는 것이 중요합니다. 저는 고양이가 사람의 말을 정확하게 이해할 수는 없지만 어투와 말의 분위기로 어떤 의미를 전달하려고 하는지 이해할 수 있다고 생각합니다. 임신한 상태에서 고양이에게 꾸준히 태어날 아기에 대해 이야기해 주면 고양이도 분명 아기를 미워할 존재가 아닌 '지켜줘야 할 존재'라고 인식하게 될 가능성이 높습니다.

아기가 태어난 뒤 산후조리원에 있을 때도 약간의 노력이 필요합니다. 아기의 냄새가 밴 수건이나 담요를 집으로 가져와 고양이에게 맡게 하는 것입니다. 이때도 '곧 아기가 집에 올 거니까 잘해 줘.'라고 친절하게 이야기하며 고양이를 쓰다듬어주고, 고양이가 좋아하는 간식을 같이 주면서 '아기 냄새=좋은 냄새'라는 인식을 심어주면 좋습니다. 이 노력은 아무래도 산후조리원과 집을 왔다 갔다 하게 될 남편이 담당해야 할 역할입니다.

산후조리원을 퇴원하여 집으로 와서 직접 아기와 고양이를 인사시킬 때도 무리하게 갑자기 인사시키지 말고, 편안하고 차분한 분위기에서 조심스럽게 고양이가 아이를 파악할 시간을 줘야 합니다. 이때도 부드러운 목소리로 고양이를 쓰다듬어 주면서 '이 아이가 ○○야~ 앞으로 잘 지내.'라고 이야기해 주면 좋습니다.

물론 갓난아기기 때문에 성인보다 면역력이 떨어지는 것은 사실입니다. 하지만 앞서 설명한 것처럼 적응해나가는 과정을 통해 오히려 고양이와 함께 자란 아이들이 그렇지 않은 아이들에 비해 면역력이 높아지는 것도 사실입니다. 따라서 '고양이가 아기에게 안 좋은 영향을 끼칠 거라는 막연한 생각'은 접어두고, 고양이와 아기가 잘 지낼 수 있도록 도와주는 것이 보호자가 진정으로 해야 할 일입니다.

마지막으로 아이가 어느 정도 클 때까지는 혹시 모를 사고를 예방하기 위해 고양이의 손톱관리를 철저히 하고, 고양이와 갓난아기가 단 둘이서만 한 공간에 있지 않도록 주의를 기울이는 것이 좋습니다.

5. 고양이의 더위 이겨내기를 도와주는 방법들

고양이를 열사병에서 보호하기 위해서 몇 가지 사항을 기억해두면 좋습니다. 우선 더운 여름날에 고양이를 두고 외출할 때는 환기가 잘 되도록 방문 및 창문을 열어두는 것이 좋습니다. 또 자주 빗질(브러싱)을 해줘서 빠질 털을 미리미리 제거해 주는 것도 도움이 됩니다. 아예 미용을 시키는 방법도 있습니다.

또한 신선한 물을 자주 공급하고, 가능하면 물그릇을 여러 곳에 배치하여 시원한 물을 언제든지 마실 수 있도록 배려해 줍니다. 최근에는 고양이 식수대 또는 분수대가 잘 나오고 있기 때문에 활용할 수도 있으며, 쿨매트가 도움이 되기도 합니다. 마지막으로 고양이가 더위를 심하게 타는 것 같다면 에어컨을 틀어서 주변 공기를 시원하게 만들어 주는 것도 도움이 됩니다.

6. 자율급식 VS 제한급식

고양이에게 자율급식이 좋은지 아니면 제한급식이 좋은지에 대해서는 참 많은 이야기가 있습니다. 또한 양쪽의 입장이 조금씩 다릅니다. 집사로서 해야 할 의무는 두 가지 방법 모두에 대해 공부한 뒤에, 내 생활 패턴과 내 고양이의 습성에 더 맞는 급식 방법을 결정하는 것입니다.

먼저 자율급식이 더 좋다고 주장하는 사람들은 고양이가 하루에 15~20번 정도 조금씩 나눠서 사료를 먹는 생리적 특성이 있기 때문에 이 방법이 고양이에게 더 적합하다고 말합니다. 아무래도 제한급식을 하면 하루에 15~20번 사료를 주기는 어렵기 때문입니다. 또한 고양이가 '언제든지 원하면 자유롭게 사료를 먹을 수 있다'고 생각해야 스트레스를 받지 않아서 스트레스와 불안감으로 인한 신경과민, 불안증 등의 문제가 발생하지 않는다고 말합니다. 또 일반적으로 다이어트가 필요한 고양이는 제한급식을 통해 식사량을 조절해줘야 한다고 알려져 있지만, 자율급식이 좋다고 이야기하는 사람들은 '다이어트가 필요한 고양이라 할지라도 제한급식이 아닌 다이어트 사료를 자율급식하는 방법으로 조절할 수 있다'고 주장합니다. 그리고 자율급식을 해야 고양이의 식탐이 완화되어 급하게 사료를 먹다가 체하거나 소화율이 떨어지는 문제가 발생하지 않으며, 주인도 사료를 챙겨주는 부담으로부터 벗어나기 때문에 편해진다고 말합니다.

한편, 제한급식이 더 좋다고 이야기하는 사람들은 고양이와 주인의 유대관계를 강조합니다. 제한급식을 해야 집사와 고양이의 관계가 더 돈독해져서 고양이가 집사에게 애교를 많이 부린다는 것입니다. 도도함을 내뿜던 고양이들도 급식 시간만 되면 집사에게 온갖 애교를 부리게 되니 이를 통해 고양이와 집사가 더 친해진다고 말합니다. 또한, 자율급식을 하게 되면 고양이가 사료에 대한 관심이 줄어들기 때문에 아플 때 사료를 거부할 가능성이 높아진다는 주장도 있습니다. 그리고 자율급식을 하게 되면 사료가 상하거나 눅눅해질 가능성도 있으며, 배가 불러도 계속 사료를 먹음으로써 비만이 될 확률도 높아진다고 말합니다. 마지막으로 사료를 잘 먹지 않는 모습을 통해 고양이에게 건강 문제가 생긴 것을 파악할 수 있는데, 자율급식을 하게 되면 아무래도 제한급식보다 사료를 잘 먹는지 안 먹는지를 정확하게 판단하기 어렵다고 말합니다. 즉, 제한급식을 해야 고양이가 아파서 식욕이 없는 걸 바로 파악할 수 있다는 것입니다.

하지만 이것에 정답은 없습니다. 중요한 것은 내 고양이에게 어떤 급식 방법이 더 맞는지 집사 스스로 고민해보는 것입니다.

7 건사료 VS 습식사료

고양이는 완전한 육식동물입니다. 많은 사람들이 개도 육식동물이라고 생각하지만, 개는 반육식성에 가깝고 오히려 고양이가 진정한 육식동물입니다.

사료(펫푸드라고도 합니다)의 종류는 건식, 반습식, 습식, 생식, 동결건조식 등 다양합니다. 그 중에서 가장 쉽게 접할 수 있는 사료가 바로 건사료와 습식사료입니다. 많은 집사들이 건사료와 습식사료 중 어떤 사료를 줘야 할지 궁금해 하는데 두 사료 모두 각각의 장단점이 있습니다.

우선 고양이 집사들이 가장 많이 급여하는 사료 형태는 건사료입니다. 건사료는 대체적으로 수분함량이 10% 정도이며 습식사료에 비해 탄수화물 함량이 높습니다. 건사료를 만들 때 고온 고압으로 처리하여 알갱이 형태로 만드는데, 이 과정에서 탄수화물이 필요하기 때문입니다. 그렇다면 건사료의 장단점은 무엇일까요?

우선 건사료는 습식사료에 비해 잘 상하지 않기 때문에 보관과 급여가 편리하다는 장점이 있습니다. 또한 가격도 상대적으로 저렴합니다. 건사료의 또 다른 장점은 치아관리에 도움을 준다는 점입니다. 알갱이 형태의 건사료는 고양이가 사료를 씹을 때 알갱이 조각들이 이빨을 긁어주는 효과를 내기 때문에 치석이 덜 생기고 치아 위생에 더 도움이 됩니다. 이런 이유 때문에 우리나라 뿐 아니라 전 세계적으로도 고양이 보호자들이 건사료를 가장 선호합니다.

하지만 단점도 있습니다. 우선 수분함량이 낮기 때문에 습식사료에 비해 기호성이 조금 떨어질 수 있으며, 고양이에게 많이 발생하는 하부요로계 질환에 상대적으로 취약합니다.

반면 습식사료는 수분 함량이 70%에 이릅니다. 이 때문에 고양이 하부요로계 질환에 더 도움이 되고 건사료보다 높은 기호성을 나타낸다는 장점이 있지만, 반대로 가격이 비싸다는 단점이 있습니다. 하지만 건사료에 비해 탄수화물의 함량이 적기 때문에 당뇨 환자들에게 도움이 더 되기도 합니다. 습식사료는 주식 캔과 간식 캔으로도 나뉘는데, 주식 캔의 경우 그 자체로 영양학적 균형이 맞춰져 있기 때문에 주식으로 줄 수 있습니다. 간식 캔의 경우 주로 단백질 원료로만 만들어져 있어서 영양균형이 잘 잡혀 있지 않아 주식으로 줄 때 영양불균형이 발생할 수 있으니 주의가 필요합니다.

특정 질환을 앓고 있는 고양이는 수의사에게 추천받은 처방사료(처방식)를 먹어야 하는 경우가 있는데, 처방식 역시 건사료와 습식사료 모두의 형태로 판매되므로 수의사와 상담 후 원하는 형태의 처방식을 고양이에게 먹이면 됩니다.

8 고양이의 몸 비비기와 취선

고양이가 자신의 얼굴이나 몸통, 그리고 엉덩이 부분을 여기저기에 비비는 행동(Rubbing)을 흔히 볼 수 있습니다. 식탁 다리에도, 사람 다리에도, 소파에도, 박스에도, 냉장고에도, 문에도, 벽에도 비비곤 합니다. 고양이는 자신이 좋아하는 대상에게만 이런 행동을 합니다. 좋아하는 대상에 몸을 비비며 자신의 채취를 묻히는데, 이 냄새는 사람은 맡을 수 없고 고양이만 맡을 수 있습니다.

몸 비비기를 하는 첫 번째 이유는 바로 영역표시입니다. 고양이는 영역동물이라서 수시로 자신의 영역을 표시합니다. 스프레이, 스크래치와 함께 몸 비비기(채취 묻히기)도 대표적인 영역 표시 방법 중 하나입니다. 따라서 고양이가 자신에게 몸 비비기를 많이 한다면 '고양이가 나를 정말 좋아하고 꼭 지키고 싶어 하는 구나.'라고 생각해도 좋습니다. 쉽게 말해 나를 찜한 것입니다.

고양이는 몸 곳곳에 냄새를 분비하는 분비선(Scent Gland, 취선)을 가지고 있습니다. 그 중에서도 얼굴, 항문 주위(엉덩이), 발바닥 패드, 몸통 부분에 취선이 가장 잘 발달되어 있습니다. 고양이가 몸 비비기를 할 때 잘 관찰해 보면 첫 번째로 얼굴 문지르기, 두 번째로 몸통 문지르기, 세 번째로 꼬리를 치켜들고 엉덩이 부분 비비기 순으로 행동하는 걸 볼 수 있습니다. 이렇게 고양이가 묻힌 냄새는 다른 고양이들에게 '이 지역은 내 지역이야.', '이 물건은 내거야.', '이 사람은 내거야.'라는 메시지를 던집니다. 이런 취선 부분을 동족간 몸단장 지역(Allo-grooming Area) 또는 페로몬 지역(Pheromone Area)이라고도 부릅니다. 이 부분을 긁어주면 고양이가 더 좋아하지요. 고양이가 특히 얼굴 주변과 엉덩이 주변을 만져주면 만족해하는 이유도 여기에 있습니다.

9 고양이 나이 계산법

고양이의 나이를 사람의 나이에 비교하는 몇 가지 방법이 있습니다. 우선 2살까지를 사람 나이 24세로 보고, 그 뒤 1년이 지날 때마다 4살씩 추가하는 방법이 있습니다. 즉, 3살=28세, 4살=32세, 5살=36세 등으로 간편하게 계산하는 것입니다.

그런데 최근에는 집고양이와 길고양이를 구별해서 계산하는 방법이 나와서 이를 소개하려 합니다. 한국동물병원협회(KAHA)에 소개된 '사람과 고양이의 연령계산표'는 집고양이와 길고양이의 나이를 구별해서 계산한 것이 큰 특징입니다. 집고양이는 위에서 소개한 방법대로 계산하고, 길고양이는 그보다 더 많은 나이로 계산하는 것입니다. 아무래도 길고양이의 수명이 집고양이보다 짧기 때문에 같은 기간을 살아도 사람으로 비교했을 때 더 많은 나이라고 추정하는 것입니다. 예를 들어 집고양이가 7살이면 사람 나이로 44세에 해당하지만, 길고양이가 7살이면 사람 나이로 64세에 해당하는 식입니다. 자세한 비교 방법은 아래 그림에서 확인하면 됩니다.

10. 노령묘가 있는 집에서 기억해야 할 대표적인 고양이 질환

❶ 갑상샘기능항진증

목 주변에 있는 갑상샘의 기능이 항진되는 '갑상샘기능항진증'은 노령 고양이에게 잘 나타나는 대표적인 질병입니다. 노령묘의 약 10%가 갑

갑상샘기능항진증에 걸리며 평균 13년령에 발병한다고 알려져 있습니다. 갑상샘에 종양이 생기거나 갑상샘 호르몬을 조절하는 뇌하수체 호르몬에 문제가 생겼을 때 발병합니다. 이 질병이 발병하면 나이가 들었음에도 과잉행동이나 공격성을 보일 수 있으며 설사, 구토, 물을 많이 마시고 소변을 많이 보는 등의 증상을 보이기도 합니다. 약물투여와 외과수술로 치료할 수 있습니다.

❷ 악성종양

흔히 암이라고 불리는 악성종양 역시 노령묘에서 많이 발생합니다. 노령묘에 많이 발생하는 암으로는 유선종양(유방암), 악성림프종, 난소 등 생식기 종양, 간/신장/방광 등 내부장기에 발생하는 암, 흑색종/상피세포암 등의 구강암, 피부종양 등이 있습니다. 피부종양의 경우 악성이 아닌 양성 종양이 발생하기도 하지만 비만세포종, 흑색종 등 악성 종양이 생기는 경우도 있으니 주의해야 합니다.

암에 대한 치료는 외과수술, 항암치료, 그리고 방사선치료 등 3가지 방법이 있습니다. 그동안 우리나라에서는 동물 암 환자에 대한 방사선치료가 이뤄지지 않았으나, 최근 방사선치료를 시작하는 동물병원들이 생기고 있기 때문에 방사선치료도 병행이 가능해졌습니다. 암에서 무엇보다 중요한 것은 조기 진단이기 때문에 노령묘의 정기적인 건강검진은 필수입니다.

❸ 만성신장질환(CKD)

만성신장질환(CKD)은 개보다 고양이에서 더 많이 발생하는 질병으로, 노령묘의 30% 이상이 CKD를 가지고 있다고 알려져 있습니다. CKD는 흔히 4단계로 구분하며, 단계에 따라서 치료 방법이 달라집니다. 정확히 말하면 치료가 아니라 질병의 진행 속도를 최대한 늦추면서 환자의 삶의 질을 유지시키기 위해 노력하는 것입니다.

CKD에 걸리면 구토, 설사, 기력소실 등의 증상을 보이는데, 중요한 것은 신장 기능의 70%정도가 소실된 뒤에야 증상이 나타나기 시작한다는 점입니다. 게다가 고양이는 워낙 아픔을 잘 숨기기 때문에 집사가 고양이의 CKD를 전혀 눈치 채지 못하는 경우도 많습니다. 어느 날 갑자기 고양이가 쓰러져 병원에 내원하는 경우도 있죠. 최근에는 고양이의 CKD를 조기에 진단할 수 있는 검사기법도 일선 동물병원에서 많이 활용하고 있으므로, 정기적인 검진을 통해 CKD를 조기에 진단해야 합니다. CKD야말로 그 어떤 질병보다 조기진단이 중요합니다. 조기에 진단하면 할수록 고양이의 삶의 질을 오랫동안 유지시킬 수 있기 때문입니다.

❹ 퇴행성 관절염

퇴행성 관절염은 관절의 점진적인 변형으로 인해 관절 부위에 생기는 염증을 뜻합니다. 1살 이상의 고양이 중 22%가 영상검사를 했을 때 퇴행성 관절염 소견을 보이는데, 12살 이상의 고양이에서는 그 비율이 90%로 높아지므로 노령묘 집사가 꼭 주의해야 할 질병입니다.

퇴행성 관절염이 진행되면 통증이 심해지기 때문에 활동이 줄어들고, 높은 곳에 잘 오르지 못하고 다리를 저는 증상을 보일 수 있습니다. 평소 한 번에 뛰어오르던 곳을 못 뛰어오르거나 다른 곳을 한 번 거쳐서 올라간다면 퇴행성 관절염을 의심해볼 수 있습니다.

약물치료와 함께 영양보조제, 처방사료를 함께 먹이는 경우가 많으며, 비만 고양이의 경우 관절에 부담을 더 주기 때문에 살을 빼주는 것이 좋습니다.

❺ 당뇨

당뇨병은 인슐린 분비가 이뤄지지 않아 생기는 1형 당뇨와 비만, 운동 부족 등 후천적인 요인에 의해 발생하는 2형 당뇨로 구분됩니다. 사람도 40세 이상에서 많이 발생하는 2형 당뇨가 크게 늘고 있는데, 고양이도 마찬가지입니다. 비만, 잘못된 식습관, 운동 부족으로 당뇨에 걸리는 고양이가 늘고 있습니다.

당뇨병의 증상으로는 물을 많이 마시고 소변을 많이 보는 것, 체중이 감소하는 것, 활동량 감소, 털의 윤기 감소 등이 있습니다. 고양이 당뇨는 인슐린 투여와 함께 식습관 개선, 운동요법 등을 통해 혈당을 잘 유지하면서 삶의 질을 개선하는 방향으로 치료합니다. 비만 고양이의 집사라면 정기적으로 혈당 검사를 받게 하는 것이 좋고, 혹시 고양이가 물을 많이 마시고 활력이 줄었으며 그루밍을 게을리한다면 진료를 받아보는 것을 추천합니다.

❻ 심장병(심근비대증)

고양이 심장질환은 갑상샘기능항진증, 만성신장질환과 함께 6세 이상의 고양이에서 많이 발생하는 3대 질환 중 하나로 꼽힙니다. 고양이의 대표적인 심장질환은 심장의 벽이 두꺼워지는 심근비대증입니다. 고양이는 개와 달리 심장질환을 앓고 있어도 증상을 잘 보이지 않아 조기 진단에 실패하는 경우도 많습니다. 하지만 심근비대증 고양이의 평균 수명은 1년 이하로 짧기 때문에 정기 검진을 통해 질병 진단이 늦지 않도록 해야 합니다. 또한 고양이가 조금이라도 호흡곤란 증상을 보이거나 기침을 한다면 빨리 검사를 해야 합니다.

❼ 인지장애증후군

인지장애증후군은 사람에서 알츠하이머라고 불리는 '치매'를 뜻합니다. 고양이도 치매에 걸릴 수 있다는 것입니다. 한 연구결과에 따르면, 11~14세 고양이의 30%가 인지장애증후군을 앓고 있다고 합니다. 인지장애증후군의 증상은 활동량 감소, 방향감각 상실, 수면양상 변화, 행동변화, 화장실변화, 상호작용 변화 등이 있습니다. 풀어서 설명하면 잘 움직이지 않고, 방향 감각을 상실해 길을 잃거나 잠을 잘 자지 못하고, 안 하던 배변실수를 하는 등의 증상을 보이는 것입니다.

따라서 이 중 한 가지 증상이라도 보인다면 동물병원에 가서 진료를 받아보는 것이 좋습니다. 최근에는 인지장애증후군에 도움이 되는 약물과 보조제가 많이 출시되어 있으므로 잘 관리만 받으면 기대 수명까지 삶의 질을 유지할 수 있습니다.

Chapter_03

고양이와 함께 살때 사람이 알아둘 것들에 대하여
- 고양이 친화 병원, 이동장 교육, 길고양이 문제, 털 빠짐과 스크래치, 흡연

고양이와의 동거수칙 2

고양이와의 동거,
사람에게도
적응이 필요해

고양이는
작은 개가 아니다

우리나라의 반려동물 사육인구가 1천만 명을 넘어섰다고 합니다. 그야말로 '동물=가족'이라는 인식이 자리잡아가고 있고, 이제는 애완동물이라는 말보다 반려동물이라는 말이 더 익숙해지기 시작했습니다.

애완동물은 '사랑 애(愛)'에 '희롱할 완(玩)'자로 구성된 단어입니다. 여기에서 '완' 자가 문제가 되는데, '완구'할 때 쓰는 '완' 자가 바로 이것입니다. 과거에 키우고 싶을 때 동물을 장난감처럼 사서 키우다가 더 이상 가지고 놀기 귀찮아지면 내다 버리는 사람들이 많았다는 걸 생각해보면 왜 이런 이름이 붙었는지 알 수 있을 것입니다. 하지만 동물은 생명이기 때문에 장난감과 다릅니다. 이제는 동물이 평생을 함께하는 반려자가 되고 있으며, 따라서 애완동물이라는 말보다 반려동물이라는 말을 쓰는 것이 더 옳습니다. 반려동물은 '짝 반(伴)'에 '짝 려(侶)' 자를 씁니다. 반려동물은 '짝'이란 뜻입니다.

우리나라는 현재 약 19%의 가구에서 반려동물을 키우고 있으며, 개가 고양이에 비해 약 3~4배 정도 많을 것으로 추정됩니다. 개를 키우는 사람이 가장 많고 고양이를 키우는 사람이 두 번째로 많습니다. 이외에도 고슴도치, 페럿 등 다양한 동물을 키우는 사람들이 점차 늘어나고 있습니다.

우리나라에는 개가 고양이보다 훨씬 많지만 미국, 일본은 고양이가 개보다 더 많습니다. 미국은 전체 가구의 약 68%에서 반려동물을 키우고 있으며 반려견이 약 8,330만 마리, 반려묘가 약 9,560만 마리가 있는 것으로 알려졌습니다. 일본의 경우에는 반려동물 사육 인구가 전체 가구의 약 28%에 이르며 반려견이 약 1,034만 마리, 반려묘가 약 1,100만 마리가 있는 것으로 조사되었습니다.

현재 우리나라에 개와 고양이가 몇 마리 있는 지에 대해 정확하게 아는 사람은 단 한 명도 없습니다. 동물등록제가 제대로 정착되면 숫자 파악이 훨씬 쉬울 텐데 아쉽게도 그렇지 못한 상황입니다. 2014년 1월부터 동물등록제가 전국으로 확대 시행됐지만 아직 참여하지 않은 사람이 많은데다가 현행 동물등록제 방법이 몇 가지 문제점을 안고 있기 때문입니다. ➜ 더 알아두라냥 ❶

반려동물 수를 조사하기 위해 중앙정부 또는 리서치 기관에서 설문조사를 하거나 지자체 공무원들을 통한 조사가 진행된 적이 여러 번 있습니다. 1년에 우리나라에서 소비되는 개, 고양이 사료 양을 가지고 사육 두수를 역으로 추정하는 방법도 사용되었습니다. 하지만 아쉽게도 이 방법들 모두 정확한 숫자를 파악하기에는 역부족입니다. 그저 우리나라 전체에 대략 350~400만 마리의 반려견과 120~150만 마리의 반려묘가 있을 것으로 추정할 뿐입니다.

한번은 제가 사는 아파트 단지에 '동물무료 등록 버스'가 온 적이 있습니다. 아마 동물등록제 시범사업 기간에 동물등록제를 홍보하고 등록률을 높이고자 제가 살고 있는 안양시 또는 만안구청에서 그 버스를 운영했던 것 같습니다. 당시 부모님은 고양이도 동물등록을 해야 하는 줄 알고 루리를 데리고 동물등록 버스에 방문했다가 "개만 하는 거네." 하면서 돌아와야 했습니다. 그러면서 저에게 "고양이는 왜 안 하는 거야?"라고 물어보셨던 적이 있지요.

반려동물 숫자를 정확하게 파악하기 위해서는 동물등록제가 제대로 정착되는 것이 필수입니다. 현재는 동물등록제가 3개월령 이상의 반려견만을 대상으로 시행되고 있지만, 판매 가능 연령인 2개월령 이상으로 등록대상 연령을 낮추고 숫자가 빠르게 늘고 있는 고양이를 대상으로도 시행되어야 할 것입니다.

현재는 개가 고양이보다 많지만 우리나라도 언젠가 미국, 일본처럼 고양이의 숫자가 개보다 많아질 가능성이 매우 높습니다. 여러 조사에서 반려견의 수는 정체 혹은 소폭 감소하고 있고, 고양이의 숫자는 매우 빠른 속도로 늘고 있다는 것이 밝혀졌기 때문입니다. 고양이를 키우는 사람들이 빠르게 늘고 있고 고양이에 관심을 갖는 사람도 많아지고 있는데, 고양이 집사들과 예비 고양이 집사들이 꼭 기억해야 할 것이 있습니다. 바로 '고양이는 개와 다르다'는 것입니다.

'Cat is not a small dog, 고양이는 작은 개가 아니다.'

➜ 더 알아두라냥 ❷

이 말은 수의사들 사이에서 꽤 유명한 말입니다. 고양이에게 나타나는 질병 양상이 개와 다르고 약물 반응도 다르기 때문에 진료 방식이나 치료 방법이 달라야 한다는 걸 강조한 말입니다. 이 때문에 고양이수의사회라는 협회가 전 세계적으로 등장했고, CFC(Cat Friendly Clinic)이라는 고양이 친화 병원도 등장했습니다. 우리나라에도 고양이수의사회가 있고 고양이 진료만 전문적으로 하는 동물병원도 속속 등장하고 있습니다.

고양이 보호자들이 개 보호자들에 비해 동물병원과 수의사를 불신하는 경우가 더 많은데, 과거에 수의사들이 '고양이=작은 개'라고 쉽게 생각했던 것도 이러한 불신이 생기는 데에 한 몫을 한 것 같습니다.

고양이와 개는 달라도 한참 다른 동물입니다. 때문에 수의사들도 진료부터 치료까지 다른 방식으로 접근하고 있습니다. 이런 자세는 수의사 뿐 아니라 고양이와 함께 살아가는 집사들도 가져야 하는 자세입니다. 여기에서 가장 핵심적인 것은 고양이와 처음 만날 때 조심스럽게 다가가야 하며, 충분한 시간과 여유를 가지고 기다려줘야 한다는 점입니다. 즉, '배려'가 필요합니다. 고양이는 개와 달리 조심스럽고 신중한 동물이기 때문입니다.

따라서 고양이를 기르고자 하는 예비 집사는 '내가 예전에 개를 많이 길러봐서 아는데...'라는 태도보다 인내와 배려심을 바탕으로 개와 다른 고양이의 습성이 무엇이고, 집사로서 꼭 알아야 하는 점이 무엇인지 미리 알아보는 자세를 가지는 것이 좋습니다.

고양이를 위한 배려, 고양이 친화 병원 알아두기

앞서 잠시 언급했던 고양이 친화 병원(CFC, Cat Friendly Clinic)에 대해 들어본 적 있으신가요? 고양이 집사라면 많이 들어봤을 것이고, 아직 들어본 적이 없는 집사 혹은 예비 집사라면 아마 곧 접하게 될 것입니다. 그만큼 고양이 친화 병원에 대한 관심이 빠르게 증가하고 있습니다.

고양이 친화 병원은 '고양이는 개와 다르다'는 점에서 출발했습니다. 과거의 수의사들은 고양이를 '두려움의 대상'으로 생각하고 고양이는 다루기 어려워서 진료가 어렵다며 거부감을 가진 것도 사실입니다. 근래에는 이런 경우가 없지만 예전에는 고양이 보호자들이 동물병원에 미리 전화를 걸어 "고양이 진료 가능한가요?"

고양이 친화 병원 인증마크

라고 물어보고 나서야 진료를 받을 수 있던 시절도 있었습니다.

고양이의 숫자가 늘고 고양이가 개와 다르다는 것이 점차 알려지면서, 수의사들이 '우리 동물병원이 고양이를 진료하기에 적절한 환경인가?', '내 진료 방식이 고양이에게 위협을 주지는 않았는가?'와 같은 고민을 하기 시작했습니다. 그러면서 고양이에게 편안한 환경을 제공하고 그들을 배려하는 진료테크닉을 갖춘 고양이 친화 병원이 등장하기 시작한 것입니다.

실제로 고양이 환자는 개에 비해 절반 정도만 동물병원을 찾으며, 고양이 보호자의 58%가 자신의 고양이가 동물병원에 가는 걸 싫어한다고 응답했고, 37%가 수의사가 고양이에게 스트레스를 주는 것 같다고 응답한 조사결과도 있습니다.

고양이 친화 병원은 일반적인 동물병원과 달리 고양이를 위한 여러 가지 환경을 갖추고 있습니다. 이 챕터에서 고양이 친화 병원을 소개하는 것은 고양이를 위한 다양한 시설·환경들이 생겨난 이유를 고양이 집사들도 알았으면 해서입니다. 이런 내용들은 분명 집사들이 고양이를 더 잘 이해하고 배려하는 데에 도움이 될 것입니다.

고양이 친화 병원의 가장 큰 특징은 '기다림'입니다. 고양이 친화 병원 수의사들은 '억지로 고양이를 못 움직이게 꽉 보정해놓고 빠르게 치고 빠지기 식으로 진료하던' 과거의 수의사들과 달리 고양이를 기다릴 줄 압니다. 고양이를 빠르게 제압하는 방식으로는 고양이가 쉽게 흥분하게 되고, 한 번 흥분한 고양이가 다시 차분해지는 데에는 오랜 시간이 걸리거나 아예 불가능할 수도 있습니다. 그리고 그렇게 안 좋은 기억을 선사한 사람과 장소를 평생 싫어하게 될 가능성이 높습니다. 따라서 고양이 친화 병원 수의사들은 고양이가 병원 환경에 적응하게 하고, 병원에 대한 좋지 않은 기억을 심어주지 않기 위해 충분한 시간을 주면서 배려합니다.

그 다음 특징은 고양이를 위한 별도의 공간을 제공한다는 것입니다. 앞에서 고양이는 영역동물이라는 것을 설명했습니다. 그래서 고양이는 자신의 영역을 떠나게 되면 불안해할 수밖에 없습니다. 그런데 설상가상으로 낯선 환경에서 다른 동물의 냄새와 소리까지 난다면 어떨까요? 아마 불안감이 더 커져 '호냥이(호랑이처럼 무서워진 고양이)'로 돌변할지도 모릅니다. 고양이는 새로운 장소와 냄새, 소리에 민감하고 이러한 변화에 무방비로 노출되면 큰 스트레스를 받습니다. 그래서 고양이 친화 병원은 고양이를 위한 별도의 대기실과 진료실을 갖추고 있습니다. 이것의 가장 큰 목적은 다른 동물(특히 개)과의 접촉을 최소한으로 하기 위함입니다. 아예 고양이 보호자와 개 보호자가 병원에 들어오는 문을 구분해 놓은 곳도 있으며, 다른 동물 진료 없이 고양이만을 진료하는 고양이 친화 병원도 점차 늘고 있습니다. 고양이 전용 대기실과 진료실은 자극적인 냄새를 없애고 조용한 환경을 제공하여 고양이가 흥분하지 않도록 합니다. 고양이가 좋아하는 합성 페로몬제 제품을 배치하기도 합니다. 진료 시에도 고양이가 환경에 적응하기 전까지는 이동장 안의 고양이를 강제적으로 꺼내지 않습니다.

세계고양이수의사회(ISFM)는 현재 고양이 친화 병원(CFC) 인증 제도를 시행하고 있습니다. 전 세계적으로 고양이에 대한 관심이 높아지면서 ISFM 인증 고양이 친화 병원이 700개를 넘어섰으며, 우리나라도 현재 37개 병원이 인증을 획득했습니다. 37개 인증은 전 세계 6위에 해당하는 숫자이며, 실버 등급 인증 병원이 17개,

골드 등급 인증 병원이 20개가 있습니다. 또한 현재 심사 중인 동물병원이 20여개에 이르는 만큼, 앞으로 우리나라에도 고양이 친화 병원이 계속 늘어날 것으로 보입니다.

고양이 친화 병원은 고양이를 배려하는 마음에서 시작됐기 때문에 고양이가 받는 스트레스가 상대적으로 적습니다. 따라서 고양이 집사와 수의사, 병원 스텝, 그리고 고양이가 모두 행복해질 수 있습니다. 고양이 집사들도 고양이 친화 병원이 왜 생겼는지 이해하고, 그러한 배려를 고양이에게 해줄 수 있길 바랍니다.

최근에는 고양이(Cat)와 에티켓(Etiquette)을 합성한 '캣티켓(cattiquette)'이라는 단어까지 등장했습니다. 고양이 집사로서 고양이의 기본 습성을 이해하고 고양이를 배려하는 것도 기본적인 에티켓이 아닐까요?

서로를 위해 꼭 필요한 이동장 적응 교육

앞에서 고양이 친화 병원과 함께 고양이를 위한 수의사들의 노력을 소개했지만, 어쩌면 수의사보다 고양이 집사들이야말로 고양이에게 가장 큰 도움을 줄 수 있는 사람이라고 생각합니다. 수의사와 마찬가지로 고양이 집사 역시 '인내심'이 필요합니다. 수의사보다 더 큰 인내심을 가지는 것이 집사의 행동강령 중 하나입니다.

고양이 집사로서 인내심을 바탕으로 해야 할 가장 중요한 임무 중 하나가 바로 '이동장 적응'입니다.

안타깝게도 루리를 처음 키울 때 저는 이동장 적응이 중요하다는 것을 전혀 알지 못했습니다. 그래서 이동장을 베란다에 보관했다가 동물병원에 가야할 때에만 꺼내 루리를 들어가도록 했습니다.

그 결과, 루리는 이동장을 꺼내기만 해도 몸을 숨기고 억지로 이동장에 넣으려고 하면 거세게 반항하게 되었습니다. 이동장 속에서는 병원에 가는 내내 꺼내달라고 서러운 울음소리를 냅니다. 루리의 입장에서는 이동장에 들어갈 때마다 병원에 가서 진료를 받거나 미용을 당했기 때문에 이동장을 좋아하지 않는 것은 어쩌면 너무나 당연한 일이었죠.

고양이가 동물병원에 가야 할 때나 놀러나갈 때, 혹은 잠시 친구 집에 맡길 때 등 여러 상황에 이동장은 꼭 필요합니다. 간혹 '우리 고양이는 얌전해요.', '우리 집 고양이는 밖에서도 내 품에만 안겨 있어서 괜찮아요.'라며 이동장 없이 밖으로 데리고 나갔다가 고양이를 잃어버리는 경우도 있습니다. 이런 일이 나한테도 일어날 수 있다는 생각을 가지고 고양이를 데리고 외출할 때는 이동장을 이용하는 습관을 가져야 합니다.

그런데 무작정 이동장을 이용하면 되겠지, 라는 건 사실 안일한 생각입니다. 고양이는 예민한 동물이기 때문에 이동장 적응 교육이 꼭 필요합니다. 자칫 잘못하면 고양이가 이동장을 싫어하게 되고, 그렇게 될 경우 고양이와 함께 외출하는 것이 지옥처럼 느껴지게 될 수 있습니다. 바로 저처럼 이동장에 고양이를 넣는 것부터 한바탕 전쟁을 치러야하기 때문입니다.

우선 이동장은 선택부터 중요합니다. 앞으로 출입이 가능하면서 상부에 뚜껑이 있어서 위로도 출입이 가능한 이동장이 좋습니다. 이동장에서 나오기 싫어하는 고양이를 앞에 있는 문으로 꺼내기 위해 이동장을 뒤집어 고양이를 바닥에서 떼어내는 고생을 하지 않으려면 말이죠.

좋은 이동장을 마련했다면 그 다음에는 고양이가 이동장과 친해질 수 있도록 도와줘야 합니다. 이동장을 구석에 보관해뒀다가 동물병원에 갈 때만 꺼내서 고양이를 억지로 집어넣으려고 하면 고양이 입장에서는 '저기에 들어가면 동물병원에 가서 고생한다'고 생각할 수밖에 없습니다. 그렇게 되면 이동장 자체를 혐오하게 되어 이동장에 들어가지 않기 위해 최선을 다해 발버둥을 칠 것입니다. 따라서 이동장은 평상시에 고양이가 편하게 생각하는 곳에 두어야 합니다. 사람이 자주 지나다니는 복잡한 곳보다 고양이 입장

에서 조용하고 안전하다고 느끼는 곳이면 좋습니다. 그런 곳에 이동장을 문을 연 채로 둬서 고양이가 편하게 들락날락 하도록 합니다. 또한 이동장 안에는 고양이가 편하게 느끼는 담요나 수건을 깔아두고, 사료나 좋아하는 간식을 줄 때 이동장 안에 줘서 이동장 자체를 좋아하도록 만드는 것도 좋은 방법입니다. 캣닙이나 장난감을 활용하는 것도 좋습니다.

이동장을 좋아하게 만들 때 잊지 말아야 할 것 중 하나가 바로 '칭찬'입니다. 고양이가 이동장 안에 들어가면 곧바로 칭찬을 해 주고 간식 등으로 보상을 해 주면 좋습니다.

> 고양이에게 교육을 할 때 칭찬하는 방법을 많이 사용하는데, 이때 가장 중요한 것은 바로 타이밍입니다. 잘못된 행동을 해서 혼낼 때도 마찬가지입니다. 물론 때려서 혼내는 것은 금물입니다. 강력한 말투로도 충분히 고양이의 행동을 멈추게 할 수 있습니다.
> 고양이가 칭찬받을 행동을 하고 나서 몇 초 흐른 뒤에 칭찬을 하면 고양이는 그 행동 때문에 칭찬받았다는 것을 알지 못합니다. 따라서 칭찬은 그 즉시 바로 이뤄져야 합니다. 이러한 칭찬(보상)을 통해 고양이를 교육하는 방법을 '긍정적 강화' 방법이라고 부릅니다. ➡ 더 알아두라냥 ❸

이동장에 들어가는 것에 고양이가 어느 정도 적응했다고 생각되면 문을 닫고 그 안에서 있는 시간을 아주 천천히, 조금씩 늘려나가야 합니다. 무리하게 문을 닫아놓는 시간을 오래 유지하지 말고, 고양이의 반응과 적응정도를 보면서 조금씩 시간을 늘리는 것이 중요합니다.

    차에 적응시키는 것도 마찬가지입니다. 고양이가 이동장 안에서 문을 닫고 있는 것에 적응하면 그 다음에는 이동장에 들어가 있는 채로 차에 타는 것에 적응시켜야 합니다. 이때도 차에 있는 시간을 천천히 조금씩 늘려나가야 합니다. 처음에는 1~2분만 차에 있다가 집으로 다시 데려가서 칭찬하며 간식을 주고, 나중에는 시동을 걸지 않은 채로 몇 분 간 차 안에 있도록 적응시킵니다. 그리고 나중에는 시동을 걸어서 엔진 소리에도 익숙해지도록 하고, 그 뒤에는 차로 이동하는 거리를 조금씩 늘려나가면서 차에 적응시켜야 합니다.

    루리를 키우기 시작하고 몇 년이 지나서야 이동장을 평소부터 좋아하게 하는 것이 중요하다는 것을 알게 되었습니다. 그래서 이동장을 좋아하게 만들기 위해 평상시에도 꺼내놓고 그 안에 간식도 주고 했지만, 한번 싫어한 이동장을 다시 좋아하게 하는 것은 불가능했습니다.

    물론 이미 이동장에 거부감을 느끼는 고양이도 이동장을 다른 제품으로 바꾸거나, 천천히 더 많은 인내심을 가지고 위에서 설명한 과정을 거치면 이동장을 좋아하게 만들 수도 있습니다. 하지만 이 과정 또한 쉽진 않습니다.

따라서 이 책을 읽는 분들은 저 같은 실수를 하지 말고 이동장을 마련한 그 시점부터 고양이가 이동장을 좋아할 수 있도록 해 주시길 바랍니다.

길고양이가
눈에 들어오기 시작했다면,
당신은 진정한 집사

고양이를 너무나도 싫어하던 부모님이 캣맘, 캣대디가 되어가는 과정을 보면서 저는 '내가 키우는 고양이 외에도 길고양이가 눈에 들어오기 시작한다면 그것이야말로 진정한 집사가 됐다는 증거가 아닐까'라는 생각을 하곤 했습니다.

"고양이는 요물이다.", "모든 고양이는 도둑고양이 같다.", "고양이 눈이 싫다."며 고양이를 싫어하던 부모님이 루리뿐만 아니라 길고양이들까지 좋아하게 되는 과정을 지켜보는 재미가 상당했죠.

부모님은 우선 투덜대면서 루리를 챙기기 시작했습니다. 눈도 못 뜬 새끼 고양이였던 루리는 가족들이 직접 우유를 먹이면서 키웠습니다. "강아지도 있는데 왜 고양이를 데려오냐!"며 저를 나무

랐던 부모님도 생명은 어쩔 수 없었는지 루리에게 직접 우유를 먹일 수밖에 없었습니다. 그러면서 자연스레 고양이의 귀여움과 매력을 알게 되신 듯 합니다. 그러다가 어느 순간부터 아버지가 출근할 때 루리에게 인사를 하면서 출근하더니, 퇴근할 때도 루리의 이름을 부르면서 집에 들어오기 시작했습니다. 그리고 어머니는 개를 키우고 싶어 하는 주변 분들에게 고양이의 장점을 장황하게 설명하며 "고양이를 키워 봐."라고 적극 권장하기 시작했죠. 그러고는 고양이가 나오는 TV 프로그램을 열심히 보기 시작하더니, 어느 날부터 두 분 모두 밖에서 본 길고양이 이야기를 하기 시작했습니다. "지하 주차장에 고양이가 한 마리 있는데 추운지 밤에 시동을 끈 차 밑에 들어가 있더라.", "교회 건물 뒤에 사는 고양이가 새끼를 낳았나봐.", "학교(아버지는 선생님이셨습니다) 주변에 루리랑 똑같이 생긴 고양이가 있어." 그렇게 자꾸만 길고양이 이야기를 꺼내던 두 분은 결국 "집 뒤에 고양이가 찾아와서 루리 사료를 조금 줬어."라며 본격적인 캣대디, 캣맘의 길로 들어섰습니다.

그렇게 찾아오는 고양이의 수가 점점 늘자 이름을 붙여주기 시작했으며, 매일 아침 저에게 오늘은 어떤 고양이가 찾아왔는지, 어떤 고양이가 요즘 통 모습을 보이지 않는지, 요즘 배가 불러오는 걸 보니 노랑이가 임신을 한 것 같다는 등 돌보기 시작한 길고양이들의 상황보고를 시작했습니다. 그렇게 시작된 길고양이 돌보기는 9년 가까이 지난 지금도 현재 진행형입니다.

자신의 고양이뿐만 아니라 길고양이들이 눈에 들어오고 나도 모르게 사료를 챙겨주기 시작했다면, 진정한 집사로서 다시 태어났다고 생각하면 될 것 같습니다.

　어머니는 길고양이들에게 밥을 줄 때 비닐 봉투에 사료를 담아서 던져 주는데, 사람들에게 길고양이에게 밥 주는 것을 걸릴까봐 늘 걱정하십니다. 밥을 주고 뒷정리를 하더라도 길고양이에게 밥을 주는 것 자체를 부정적으로 바라보는 사람들이 많기 때문입니다. 길고양이에게 사료를 챙겨주는 것은 불법이 아닙니다. 잘못된 행동이 아닐뿐더러 오히려 길고양이 개체 수 조절에 도움을 주고, 길고양이와 관련된 다양한 문제와 갈등을 해결하는데 도움이 되는 행동입니다. 하지만 캣맘들은 어머니처럼 주변 사람들의 눈치를 보아야 하죠.

　길고양이들의 사료를 챙겨주기 시작하면서 더욱 관심을 가지게 된 것이 바로 '길고양이를 둘러싼 갈등'입니다. 그 중에서도 '캣맘에 대한 잘못된 인식'에 대해 특히 관심이 생기기 시작했습니다.

　특히 2006년, 아파트 일부 주민들이 지하실에 사는 길고양이들을 가둔 채 문과 창문을 용접해 몰살시키려 했던 '한강맨션 고양이 사건'을 계기로 길고양이 관련 사건을 지켜보게 되었습니다. 우리 사회에는 길고양이를 해코지하는 일이 너무나 많이 발생하고 있다는 사실을 알게 되었습니다. 이런 사람들은 길고양이가 쓰레기통과 쓰레기봉투를 뒤지고 뜯어놓을 뿐만 아니라, 영역다툼 및 발정에 의해 시끄러운 울음소리를 내기 때문에 싫어한다고 말합니다. 저도 이 두 가지가 가장 큰 이유라고 생각합니다. 하지만 '길고양이=도둑고양이'라는 인식이 바탕에 깔린 막연한 미움도 그 원인 중 하나인 것 같습니다.

분명 길고양이를 싫어하는 분들의 입장도 이해가 됩니다. 하지만 이러한 미움과 해코지가 '길고양이에 대한 오해'로부터 생겨난다는 사실이 안타까울 뿐입니다. 그리고 더 안타까운 것은 길고양이 뿐 아니라 길고양이를 돌보는 캣맘까지 미움의 대상이 된다는 점입니다. 캣맘과 지역 주민과의 갈등은 심심찮게 일어나고 있습니다. 그런데 그 정도가 심해져 캣맘을 폭행하고 심지어는 쓰레기통에 집어넣는 사건까지 발생하게 되었습니다. 상황이 이렇다 보니 일반 시민들이 가지고 있는 길고양이에 대한 오해를 풀어주는 일이 얼마나 중요하고 시급한 일인지 깨닫게 되었습니다.

공원에 설치된 서울시 길고양이 급식소

길고양이에게 사료를 챙겨주게 되면 길고양이들이 사료를 주는 곳으로 모이게 되고, 그럼 자연스레 쓰레기봉투를 뜯는 일이 줄어들게 됩니다. 배가 고프지 않기 때문입니다. 즉, 길고양이의 사료를 챙겨주면 쓰레기통을 뒤짐으로써 받는 피해가 오히려 줄어든다는 것입니다.

  이 같은 효과는 이미 입증되었습니다. 2013년 5월에 시범적으로 18개 주민센터 앞에 길고양이 급식소를 설치한 서울시 강동구의 경우, 길고양이들이 주변의 음식물 쓰레기 봉투를 뜯지 않게 되고 이로 인해 구청으로 들어오는 길고양이 관련 민원이 눈에 띄게 줄어들었습니다. 효과를 보자 현재는 급식소를 60개 이상으로 늘렸습니다. 이 같은 강동구청의 길고양이 급식소 시범사업은 만화가 강풀 씨와 사료 회사, 지역 캣맘협의회 등의 재능기부로 시작되었죠.

  더불어 서울시 동물보호과에서도 공원 환경 청결 유지와 중성화 수술을 통한 길고양이 증가 억제를 위해 수십 개의 '길고양이 급식소'를 서울시내 4개 공원에 나눠 설치했습니다. 이처럼 길고양이 급식소의 효과는 이미 입증됐으므로 더 이상의 논란이 없었으면 하는 바람입니다. 최근에는 헌정 역사상 최초로 국회에도 길고양이 급식소가 생겼습니다.

  그리고 사실, 길고양이에게 사료를 챙겨준다고 해서 길고양이의 수명이나 개체수가 마구 증가하지는 않습니다. 안타깝게도 길고양이들은 집고양이들이 10~15년을 살 때 교통사고, 전염병 등으로 2~3년 밖에 살지 못하기 때문입니다. 캣맘들이 사료를 챙겨준다고 하여 10년 이상 사는 것이 아니라는 걸 반드시 기억했으면 좋겠습니다.

또한 길고양이 개체 수 조절을 위해서는 길고양이를 포획하여 중성화수술을 한 뒤 원래 살던 곳에 방사해주는 TNR 사업이 성공적으로 진행되어야 하는데, TNR 사업을 시행할 때 가장 어려운 점이 바로 길고양이를 포획하는 것입니다. 그런데 캣맘들이 일정한 곳에 사료를 주게 되면 자연스레 길고양이들이 그곳으로 모이게 됩니다. 그럼 길고양이의 포획도 쉬워지기 때문에 길고양이 개체 수 조절이 더 용이해집니다. 즉, 길고양이들에게 사료를 주는 것이 개체 수가 늘지 않는 데에 오히려 도움을 준다는 뜻입니다.

여기에서 말하는 TNR 사업이란 'Trap(포획)-Neuter(중성화수술)-Return(혹은 Release, 방사)'의 약자로, 길고양이를 포획하여 수의사가 중성화수술을 한 뒤 다시 방사하는 사업을 의미합니다. 현재까지 알려진 방법 중 길고양이 개체 수 조절에 가장 효과적입니다. 또한 이러한 길고양이 포획과 방사, 그리고 방사 후 관리를 위해서는 지역 캣맘들의 참여가 매우 중요합니다. TNR 사업이 제대로 효과를 보려면 특정 군집 내 길고양이의 70% 이상이 중성화되어야 하지만, 대부분의 지자체가 TNR 사업의 예산 확보에 어려움을 겪고 있습니다. 때문에 전체 길고양이 중 1~2%의 적은 수만 중성화되고 있어 아쉬울 따름입니다.

2008년부터 TNR 사업을 시작한 서울시의 경우 20~25만 마리의 길고양이가 서식하는 것으로 추정되고 있지만, 예산 및 인력 부족으로 한 해 6천 마리 정도를 수술하는 데에 그치고 있습니다. 70%는 커녕 2~3% 수준에 그치고 있는 것입니다. 결국 현행 TNR은 개체수를 줄이기보다는 단순히 길고양이 민원을 해결하는 쪽에 더 치우쳐 있는 것이 사실입니다.

이 같은 상황에서 TNR 사업의 효과를 높이기 위해서는 캣맘들의 참여가 절대적으로 중요합니다. TNR의 포획과 방사 과정을 캣맘 자원봉사자가 담당할 경우, 예산을 중성화수술비용에만 투입할 수 있어 같은 예산으로도 좀 더 많은 길고양이를 TNR할 수 있기 때문입니다. 서울시에 따르면 이같은 방법을 통해 마리당 소요되는 예산을 60% 수준으로 절감할 수 있다고 합니다. 현재 미국이나 일본, 대만 등에서는 자원봉사자나 동물보호단체가 주축이 되어 TNR을 실시하고 정부는 사업을 지원하는 형태를 갖추고 있습니다. 우리도 이런 형태의 TNR 사업이 진행되기 위해 캣맘들의 참여가 더 필요하며, 캣맘들의 참여가 높아질 수 있도록 일반 시민들의 '길고양이와 캣맘의 대한 오해'가 줄어들어야 합니다.

➜ 더 알아두라냥 ❹

이외에도 길고양이와 관련된 많은 오해들이 있습니다. 길고양이가 전염병을 옮긴다고 생각하는 사람들이 많은데, 길고양이는 오히려 많은 전염병의 매개체가 되는 쥐를 잡기 때문에 전염병 전파를 막는 존재입니다. 페스트, 유행성 출혈열, 쯔쯔가무시 등이 쥐를 통해 사람에게까지 전파되는 전염병입니다. 아마 길고양이가 없었으면 이런 질병에 걸리는 사람이 지금보다 훨씬 많았을 것입니다. 또한, 흔히 길고양이가 사람에게 공격적일 거라고 생각하지만, 대부분의 길고양이는 사람을 경계하기 때문에 사람을 보면 도망가는 경우가 대부분입니다. 공격성을 보이는 경우도 스스로 위협을 느낄 때이므로, 사람이 먼저 가까이 다가가거나 접촉을 시도하지 않으면 고양이가 사람을 공격하는 경우는 없습니다.

길고양이는 동물보호법에 의해 보호받는 존재입니다. 따라서 길고양이를 함부로 해치는 행위를 하면 동물보호법에 의해 처벌받을 수 있습니다. 그러니 길고양이에 대한 막연한 오해를 풀고, 더 나아가 캣맘을 미워하는 일은 없었으면 합니다. 또한 고양이 집사들에게도 꼭 부탁하고 싶은 말이 있습니다. 고양이 집사로서 자신의 고양이를 잘 돌보는 것뿐만 아니라 더 나아가 길고양이에 대한 오해를 풀어주는 노력을 같이 해주셨으면 하는 바람입니다.

길고양이와 캣맘에 대한 오해와 갈등을 줄이기 위해 캣맘 스스로 지켜야 하는 몇 가지 원칙이 있습니다. 뒤에서 더 자세히 다룰 이 원칙들을 지켜 갈등의 소지를 주지 않는 것이 중요합니다.

털 빠짐과 스크래치를
받아들이는 마음가짐

앞서 이야기한 것처럼 루리는 1년에 2번씩 꼬박꼬박 미용을 합니다. 루리의 미용은 털 빠짐을 방지하기 위한 목적일 뿐 다른 이유는 없습니다. 1년에 2번 찾아오는 큰 털갈이(더워지면서 두꺼운 겨울털이 빠질 때와 추워지면서 얇은 여름털이 빠질 때)전에 미리 털을 밀어서 털 빠짐을 방지하는 것입니다. 매일 매일 빗질을 해 주고 청소를 해도 털 빠짐을 감당할 수 없을 때 미용을 한다고 생각하면 됩니다. 그만큼 집사에게 고양이의 털 빠짐은 결코 피할 수 없는 숙명입니다. 자려고 누웠을 때 이불에 붙어 있는 털들, 전날 미리 준비해 둔 옷을 입으려 할 때 옷을 뒤덮은 털을 발견하는 일, 공기 중에 몽실몽실 떠다니는 털 뭉치, 가는 곳마다 따라다니는 잔털들. 이 모든 것들이 고양이 집사로서 감당해야 할 운명이죠.

참고로 루리는 미용할 때마다 털을 바짝 깎는데, 그때마다 민망하게 드러나는 세 겹 이상 접힌 뱃살이 미안함과 더불어 가족에게 큰 즐거움을 주곤 합니다.

털 빠짐처럼 고양이를 키울 때 결코 피할 수 없는 것 중 하나가 바로 스크래치에 의한 가구 손상입니다. 루리가 처음 우리 집에 왔을 때는 너무 어린 고양이라 문제가 없었지만 점차 자라면서 본격적으로 스크래치를 하기 시작했습니다. 식탁 다리, 침대, 소파 등 온갖 가구에 스크래치를 해댔죠. 방바닥, 벽지는 물론이겠지요. 별도로 스크래쳐뿐만 아니라 스크래쳐가 달린 캣타워도 사줬지만, 루리는 이미 가구를 스크래쳐라고 생각해 버린 탓인지 크게 도움이 되지 않았습니다. 이때 많은 보호자들이 고민하는 수술이 있습니다. 바로 '고양이 발톱제거 수술'입니다. 사실 루리는 앞 다리에 발톱이 없습니다. 발톱제거 수술을 받았기 때문입니다. 루리의 스크래치가 너무 심해서 도저히 감당하기 어려워졌을 때 저는 발톱제거 수술에 대한 고민을 하게 되었습니다. 그리고 결국 제가 직접 루리의 앞발 양쪽에 발톱제거 수술을 하고 말았습니다. 지금은 '왜 그때 깊게 고민하지 못하고 발톱제거 수술을 했을까'라며 아주 큰 후회를 하고 있습니다. 그만큼 발톱제거 수술은 고양이에게 좋지 않은 수술이기 때문입니다. 수의학을 공부하면서도 정작 고양이에 대해 깊이 이해하지 못했던 제 과오였습니다. 더구나 그런 수술을 다른 사람도 아닌 제가 직접 루리에게 했다는 사실이 지금도 저를 아프게 합니다. 물론 저는 루리 이외에 단 한 번도 고양이 발톱제거 수술을 해 본 적이 없습니다. 그래서 루리는 제가 유일하게 발톱제거 수술을 한 고양이고, 또 때문에 늘 미안한 마음뿐입니다.

> 고양이 발톱제거 수술은 단순히 발톱을 자르는 것이 아니라 발톱이 자라나오는 고양이의 발가락 첫째 마디 뼈 자체를 잘라내는 수술입니다. 쉽게 말해 발가락 부분 제거 수술이라고 보면 됩니다. 때문에 수술 후 통증이 큰 것은 물론 달리고 점프하는 데에도 영향을 받습니다. 때문에 유럽과 미국 일부 주에서는 발톱제거 수술을 동물학대로 간주해 법으로 금지시키기도 했습니다. 이렇게 문제가 많은 수술임에도 수술 후 보호자 만족도가 95%에 이르기 때문에 우리나라에서도 수술 요구가 끊이지 않습니다. 하지만 이 책을 읽는 보호자만이라도 저처럼 바보 같은 후회를 하는 일이 절대 없길 바라는 마음에서 이 문제를 꼭 한 번 알려드리려 합니다.

하지만 고양이의 스크래치는 본능에 의한 자연스러운 행동입니다. 따라서 스크래치라는 본능을 잘 해결할 수 있도록 집사로서 노력할 필요가 있습니다. 예전의 저처럼 고양이를 제대로 이해해주지 못하고 실수를 저지르지 않도록 말입니다. 스크래치를 왜 하는지, 그리고 스크래치에 의한 가구 피해를 최소화하기 위한 방법에 대해서는 다음 챕터에서 자세하게 알아보도록 하겠습니다.

열심히 노력을 했음에도 고양이가 계속해서 가구에 스크래치를 한다면 '그래, 그 가구는 그냥 네 스크래쳐로 써라'라는 너그러운 마음으로 가구를 내 고양이에게 선물해 보는 건 어떨까요.

고양이도
높은 곳에서 떨어진다고?

　루리가 우리 집에서 특히 좋아하는 장소들이 있습니다. 따뜻한 햇볕이 드는 창가도 그중 하나입니다. 방충망을 친 채로 창문을 열어두면 루리는 창가에 기대 잠을 자곤 합니다. 아마 방충망 틈 사이로 솔솔 불어오는 바람을 즐기는 것 같습니다.
　사건이 일어난 그날도 여느 때와 다름없이 루리는 창가에 기대 잠을 자고 있었습니다. 그런데 갑자기 루리가 흥분하더니 창밖을 보며 사냥 자세를 취하기 시작했습니다. 무슨 일인가 하고 창밖을 봤더니 새 한 마리가 날아와 루리를 보며 짹짹거리고 있었습니다. 궁금한 마음에 루리가 어떻게 행동하는지 가만히 보고 있었는데, 갑자기 루리가 창밖으로 뛰기 위해 몸을 던지는 것이 아니겠습니까? 굉장히 세게 밖으로 점프를 시도했는데 다행히 방충망이 있어서 루리가 창밖으로 떨어지는 불상사는 일어나지 않았습니다. 그래도 새가 깜짝 놀라 달아날 정도로 방충망에 세게 부딪히는 바람에 지켜보던 저도 깜짝 놀랐습니다. 집이 1층이었기에 망정이지, 만약 우리 집이 고층이었고 또 만에 하나 방충망이 찢어지기라도 했다면 어떤 일이 벌어졌을지 생각만으로도 아찔한 경험이었습니다.

지인의 고양이 밤비는 주인이 레이저포인터로 놀아줄 때 집 2층에서 1층으로 과감하게 점프를 해서 주인을 놀라게 한다고 합니다. 레이저포인터를 사냥감으로 여기고 잡으려다 보니 생기는 일입니다. 그렇게 루리나 밤비처럼 사냥 모드에 돌입한 고양이는 앞뒤 가리지 않고 사냥감을 잡기 위해 몸을 날립니다. 이 때문에 간혹 높은 아파트에서 고양이가 창밖으로 떨어져서 다치기도 합니다. 이렇게 고양이가 높은 곳에서 뛰어내리는 현상을 '고양이 고지 낙하 증후군(Feline High Rise Syndrome)'이라고 부릅니다. 실제로 동물병원에는 아파트 고층에서 떨어져 다친 고양이가 종종 오곤 합니다.

고양이 고지 낙하 증후군의 원인은 '졸거나 자다가 떨어지는 경우', '먹잇감을 따라 뛰어내리는 경우'로 크게 2가지입니다. 고양이는 고소공포증이 없기 때문에 높은 곳을 좋아하고 편안하게 생각합니다. 그래서 높은 곳에 올라가서 자곤 하는데, 이렇게 자다가 순간적으로 중심을 잃어 떨어지는 경우가 있습니다. 사실 졸다가 떨어지는 경우보다는 먹잇감을 쫓다가 떨어지는 경우가 더 많습니다. 고양이는 타고난 사냥꾼이기 때문에 작은 물체의 움직임도 놓치지 않고 잡아냅니다. 그래서 높은 곳에 있더라도 사냥감을 발견하면 동공을 잔뜩 키우고는 자세를 낮추고 사냥감에 집중합니다. 이렇게 사냥모드가 발동하면 자신이 높은 곳에 있는 것도 잊은 채 사냥감을 잡으려고 점프했다가 아래로 떨어져 다치게 됩니다. 날아다니는 새, 잠자리, 떨어지는 나뭇잎, 심지어 작은 벌이나 모기 등을 잡으려고 뛰는 것입니다.

고양이는 높은 곳에서 떨어져도 특유의 유연성을 발휘한 '정위반사'를 통해 자세를 바로 잡기 때문에 생각보다 크게 다치지 않는 경우도 있습니다. 하지만 목숨을 잃는 경우도 있으므로 고층에 사는 고양이 집사라면 고양이를 위해 창문에 반드시 안전장치를 설치해야 합니다. ➜ 더 알아두라냥 ❺

나의 흡연으로
내 고양이가 아플 수 있다면

간접흡연이 비흡연자에게 많은 피해를 입힌다는 사실은 알고 있을 것입니다. 흡연자의 배우자는 비흡연자의 배우자에 비해 폐암 발생확률이 30%정도 더 높을 뿐만 아니라 심장병에 걸릴 확률도 50%가 더 높다는 연구 결과도 있습니다. 간접흡연은 특히 세포와 조직이 성숙되지 않은 어린이에게 더 큰 피해를 입히는데, 간접흡연을 한 어린이가 그렇지 않은 어린이에 비해 암에 걸릴 확률이 100배 이상 높아지는 것으로 알려져 있습니다.

그런데 간접흡연 피해는 비단 사람만의 문제가 아닙니다. 반려동물 역시 간접흡연의 피해를 입습니다. 그리고 그중에서도 특히 고양이가 큰 피해를 입습니다. 주인이 흡연할 경우 옆에 있는 동물들의 구강 편평상피암, 림프종, 유선종양, 비강종양, 폐암 등의 발생확률이 높아지는데, 고양이는 그루밍을 하기 때문에 피해가 더 커지는 것입니다. 그루밍을 하는 고양이의 경우에는 흡연자가 내뿜은 담배연기를 흡입하는 이차흡연(Second Hand Smoke)뿐만 아니라, 털이나 피부에 남아있는 담배의 악성 성분들에 의한 삼차흡연(Third Hand Smoke)까지 문제가 됩니다. 공기 중에 담배 연기가 사라졌다 하더라도 털과 피부에는 담배의 악성 성분이 오랫동안 남게 되고, 이런 성분들이 그루밍 과정에서 고양이의 입안으로 들어가 구강 종양을 유발하는 것입니다. 흡연자가 키우는 고양이는 비흡연자가 키우는 고양이에 비해 림프육종 발생확률이 2.5배 높으며, 5년 이상 간접흡연에 노출된 고양이는 림프육종 발생확률이 3.2배까지 높아진다는 연구 결과도 있습니다.

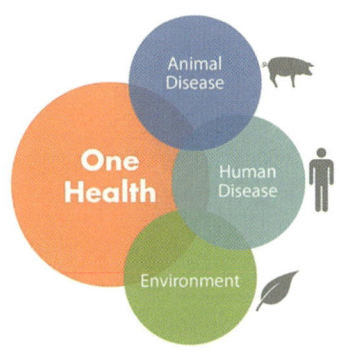

〈원 헬스-하나의 건강〉
사람의 건강, 동물의 건강, 생태계 건강과의 관계 모형

그런데 재미있는 연구결과도 있습니다. 흡연자에게 금연을 권장할 때 '당신이 기르는 고양이가 2차, 3차 흡연의 피해를 입는다'라고 말하면 금연 효과가 더 높아진다는 연구결과입니다.

최근 인간의 건강과 동물의 건강, 그리고 환경의 건강이 서로 별개가 아니라 하나라는 '원 헬스(하나의 건강, one-health)' 이론이 각광받고 있습니다. 주인의 흡연에 의해 고양이가 2차, 3차 흡연의 피해를 입으며, 또한 고양이가 피해를 입는다는 말에 주인이 금연할 확률이 높아진다는 것으로 볼 때 원 헬스 이론은 확실히 맞는 이론인 것 같습니다. 더 알아두라냥 ❻

1. 동물등록제는 내장형으로 해 주세요

현재 동물등록제는 3개월령 이상의 반려견을 대상으로만 실시하고 있습니다. 그렇기 때문에 100만 마리 이상 있을 것으로 예상되는 반려 목적의 고양이도 등록·관리되고 있지 못할 뿐만 아니라, 육견이나 길고양이 등 반려 목적이 아닌 동물은 그 숫자를 가늠하기도 어려운 현실입니다.

동물등록방법에는 내장형 무선식별장치(마이크로칩), 외장형 전자태그, 외장형 인식표 등 3가지가 있습니다. 하지만 외장형의 경우 분실될 위험이 있으며, 개를 훔친 사람이 일부러 제거하기도 쉽습니다. 따라서 '잃어버린 동물을 쉽게 찾게 하고, 유실·유기동물을 줄인다'는 동물등록제의 취지를 달성하기 위해서는 '내장형'으로만 동물등록을 하는 것이 맞습니다. 간혹 내장형 마이크로칩의 부작용을 걱정하는 분들이 있는데, 과거 시범사업 기간에 사용됐던 일부 마이크로칩에서 부작용이 있었을 뿐 현재는 걱정할 필요가 없으니 안심하고 내장형으로 동물등록을 해도 됩니다. 정부 역시 동물등록방법을 내장형 무선식별장치로 일원화할 예정이며, 유전자(DNA)검사 등 더 비침습적인 방법도 고려하고 있습니다.

고양이의 경우에도 곧 등록대상에 포함될 예정이니, 고양이 집사 역시 '고양이 동물등록'이 시행되면 빠짐없이 동물등록을 하시길 바랍니다.

동물등록은 반려동물을 잃어버렸을 때 쉽게 찾을 수 있는, 자신과 자신의 반려동물을 위한 최소한의 장치입니다.

2. Cat is not a small dog(고양이는 작은 개가 아니다)

고양이와 개는 분명 다른 동물입니다.
우선 개는 집단생활동물이지만 고양이는 영역생활 동물입니다. 때문에 개에게 반드시 산책이 필요한 것과 달리 고양이에게는 산책이 꼭 필요하진 않습니다. 오히려 자신의 고유 영역인 집안에만 있을 때 안정감을 느끼는 경우가 대부분입니다. 또한 고양이는 개보다 훨씬 더 독립적이며 예민하고 경계심이 강합니다. 따라서 개가 주인의 말에 잘 복종하고 교육(훈련이라는 말보다 교육이라는 말이 더 좋은 표현입니다)이 잘 되는데 비해 고양이는 그렇지 않을 수 있습니다. 때문에 앉으라는 말을 알아듣거나 손을 주는 행동을 하는 개는 화제가 되지 않지만 고양이가 앉아, 손을 하면 화제가 됩니다. 또 고양이는 개와 달리 모래만 있으면 바로 화장실을 가린다는 특징도 있습니다.
또한 흔히 개를 육식동물로 알고 있는 사람이 많은데, 개는 불완전 육식동물이고 오히려 고양이가 철저한 육식동물입니다. 이 밖에도 물을 마시는 방법도 서로 다르며, 고양이는 개에 비해 훨씬 유연하고 높은 곳에도 잘 올라갑니다. 고양이는 개보다 체력이 약하기 때문에 오랜 시간 산책을 하기보다 10분 정도 짧은 시간동안 집중해서 놀아주는 것이 더 효율적입니다. 공복 시 지방을 에너지원으로 사용하는 방식도 개와 달라서 고양이는 조금만 굶더라도 간에 문제가 오게 됩니다.

3 교육은 긍정적 강화 방법으로 해 주세요

흔히 고양이는 교육이 불가능하다고 생각하지만, 분명 고양이도 교육이 가능합니다. 물론 개보다는 어렵기 때문에 너무 큰 기대는 금물입니다. 고양이에게 교육을 할 때 중요한 원칙이 있습니다. 바로 '보상'을 통한 '긍정적 강화' 방법을 사용해야 한다는 것입니다. 이는 모든 동물을 교육할 때(심지어 사람 교육에서도) 적용되는 원리입니다.

동물 교육 방식은 '강화(Reinforcement)'와 '처벌(Punishment)' 등 크게 두 가지로 나눕니다. 강화는 원하는 행동을 하는 횟수를 늘리는 것이고, 처벌은 원하지 않는 행동의 횟수를 줄이는 것입니다.

강화는 다시 '긍정적 강화(Positive Reinforcement)'와 '부정적 강화(Negative Reinforcement)'로 나눕니다. 긍정, 부정이라는 단어 때문에 의미가 헷갈릴 수 있는데, 여기서 Positive는 자극을 더한다는 플러스(+)의 개념이고 Negative는 자극을 줄인다는 마이너스(-)의 개념입니다. 즉, 긍정적 강화는 동물이 원하는 행동을 했을 때 간식, 칭찬 등 보상을 해서 그 행동을 더 하게끔 유도하는 방법이고, 부정적 강화는 고통을 주고 있다가 원하는 행동을 했을 때 그 고통의 정도를 경감(Relief)시켜서 원하는 행동을 더욱 하게끔 유도하는 방법을 말합니다.

처벌 역시 다시 '긍정적 처벌(Positive Punishment)'과 '부정적 처벌(Negative Punishment)'로 나눕니다. 긍정적 처벌은 동물이 원하지 않는 행동을 했을 때 혼내서(처벌을 해서) 그 행동을 하지 않도록 유도하는 방법이며, 부정적 처벌은 동물이 원하지 않는 행동을 했을 때 좋은 자극을 줄여서(예를 들어 매일 주던 간식을 주지 않는 것) 그 행동을 하지 않도록 유도하는 방법입니다.
쉽게 정리하면 다음과 같습니다.

1. 행동 후에 좋은 일이 주어지면 그 행동이 늘어난다(긍정적 강화).
2. 행동 후에 싫은 일이 없어지면 그 행동이 늘어난다(부정적 강화).
3. 행동 후에 싫은 일이 주어지면 그 행동이 줄어든다(긍정적 처벌).
4. 행동 후에 좋은 일이 없어지면 그 행동이 줄어든다(부정적 처벌).

이 4가지 교육 방법 중 가장 추천하고 싶은 방법은 바로 긍정적 강화 방법입니다. 고양이에게 이동장을 적응시킬 때엔 반드시 긍정적 강화 방법을 사용하길 바랍니다.

4 캣맘으로서 지켜야 할 기본 원칙

다음은 한 동물보호단체에서 캣맘들을 위해 정리한 '길고양이에게 밥을 줄 때 유의할 사항'입니다. 길고양이에게 밥을 주기 전에 기억하면 좋을 듯싶습니다.

길고양이에게 밥을 줄 때 유의할 사항

1. 먹이는 사료 이외의 것은 주지 마십시오. 사람이 먹는 음식은 고양이의 건강에 좋지 않을뿐더러, 무엇보다도 주민들이 음식냄새로 인

한 불편을 호소하게 됩니다.
2. 사료그릇은 바로 치우십시오. 주변에 떨어진 사료를 즉시 청소해 주십시오. 남은 사료에 파리가 꼬여 비위생적입니다.
3. 사료 급여는 일몰 이후에 하는 것이 효과적입니다. 고양이는 야행성 동물이기 때문에, 가능한 한 주민의 통행이 적은 심야 시간대에 하는 것이 좋습니다.
4. 급여 장소는 눈에 띄지 않아야 합니다.
5. 배고픈 길고양이에게 사료를 급여하는 것만큼 중요한 것이 신선한 물입니다. 사료와 함께 물을 제공해 주십시오.
6. 주변의 길고양이 오물을 치워주십시오. 특히 모래나 흙이 있는 곳을 유심히 살펴봐야 합니다. 배설물과 오물로 인한 악취가 대표적인 길고양이 민원입니다.
7. 길고양이에게 사료 주는 것에만 그치지 마십시오. 길고양이를 위해서라면 TNR 수술까지 진행하셔야 합니다. 관할 지자체에 신청 후, 캣맘의 참여 하에 중성화수술을 해 주십시오.
8. 길고양이에게 한번 밥을 주기로 결심했다면 정기적으로 사료를 지원해야 합니다.

5 고양이의 정위반사(정향반사, Righting Reflex)

고양이가 '고지 낙하 증후군' 때문에 높은 곳에서 뛰어내렸을 때, 어마어마하게 높은 곳에서 떨어졌는데도 죽지 않고 거의 다치지 않는 경우가 있습니다. 이는 고양이 특유의 유연함과 '정위반사' 때문입니다.
고양이는 높은 곳에서 떨어지는 동안 자신의 몸을 비틀어 충격을 최소화 할 수 있는 자세로 만들 수 있습니다. 이렇게 바른 위치, 바른 방향으로 몸을 돌리는 것을 '정위반사'라고 합니다. 먼저 머리를 돌리고 나서 몸의 앞쪽을 비틀어 돌린 뒤 허리를 비틀어 뒷다리까지 돌리는데, 높은 곳에서 떨어져도 이렇게 몸을 돌려 정위반사할 시간이 충분하거나 나뭇가지 등 붙잡을 것이 있다면 부상을 거의 입지 않는 경우가 생기는 것입니다. 정위반사를 위해 필요한 최소한의 높이는 90cm 정도로 알려져 있습니다. 정위반사가 가능한 것은 고양이 특유의 유연함 때문입니다. 고양이는 거의 모든 근육이 관절 각 부분 뼈에 붙어있기 때문에 관절 자체를 움직일 수 있으며, 앞다리는 뼈가 아니라 근육으로만 몸통과 연결되어 있고 쇄골도 퇴화되어 있기 때문에 어깨 움직임의 범위도 넓습니다. 또한 타고난 강한 뒷다리와 엉덩이 덕분에 자신의 몸길이의 6배 이상 점프할 수 있으며, 등 근육과 척추도 유연하여 몸을 동그랗게 말거나 공중에서 몸을 180도까지 회전시킬 수 있습니다. 고양이는 말 그대로 유연함의 대명사입니다.

6 원 헬스(One-Health)

One-Health(원 헬스, 하나의 건강)란 사람의 건강, 동물의 건강, 생태계의 건강이 하나로 연결되어 있다는 개념으로, 인류의 보건 문제를 해결하기 위해서는 사람, 동물, 생태계 건강 분야의 전문가들이 힘을 합쳐야 한다는 의미입니다.

세계보건기구에 따르면 최근 20년간 사람에게 발생한 신종 전염병 중 60%가 인수공통전염병(광견병처럼 사람과 동물이 함께 감염되는 질병)일 정도로 인수공통전염병의 전파속도가 매우 빠르며, 이 중 75% 이상은 야생동물에서 유래된다고 합니다. 이제는 과거처럼 사람의 건강 따로, 동물의 건강 따로 접근하면 문제를 해결할 수 없는 상황입니다. 이럴 때일수록 사람과 동물과 환경을 함께 생각하는 원 헬스적 접근 방식이 필요합니다. 환경이 아프면 그 안에 사는 동물이 아프고, 동물이 아프면 사람도 아프게 됩니다. 근래에는 동물의 복지와 사람의 복지가 별개의 것이 아니라 연관되어 있다는 하나의 복지(One-Welfare) 개념까지 등장했습니다.

Chapter_04

고양이와 사람의 행복을 위한
일상에서 배려하고 이해하며 살아가는 법
-음식, 놀이법, 대소변 처리, 중성화수술

묘한 동거,

동거묘와 나의
생활 공감지수
높이기 🐾

폭발적인 호기심에
놀라지 말 것

    고양이는 정말 호기심이 넘치는 동물입니다. 그리고 한편으로는 조심스러운 동물입니다. 특히 처음 보는 물건을 접할 때 고양이가 얼마나 호기심이 많고 조심스러운 동물인지 확인할 수 있습니다. 우선 처음 보는 물건의 냄새를 맡아보고 한 쪽 앞발을 조심스럽게 물건에 대봅니다. 그리고 괜찮다싶으면 여러 번 툭툭 쳐 봅니다.
    이것은 바로 새로운 물건이나 현상을 접했을 때 루리가 보여주는 행동패턴입니다. 루리는 가스레인지 불에도 호기심을 보였는데, 가스레인지에 얼굴을 가까이 가져갔다가 수염 몇 개를 태워먹기도 했습니다. 루리가 2살 정도 됐을 때의 일이었습니다. 앞발을 들어 불에 가져다댔는데 그게 생각보다 뜨겁지 않았던 것인지, 곧바로 얼굴을 가져갔다가 그만 수염을 태운 것입니다. 아마 냄새를

맡아보려고 했던 것 같습니다. 수염이 타
자마자 루리는 깜짝 놀라 연신 세수하듯
이 수염 부분을 앞발로 문질렀습니다.
하지만 이미 수염 몇 개는 아예 다 타버
렸고 2~3개 정도는 꼬불꼬불 꼬여 길
이가 짧아진 상태였습니다. 고양이가
수염을 태우는 장면을 처음 본 저는

다행히 되찾은 루리의 수염

'이제 수염이 안 나오면 어쩌지'하고 걱정도 했지만, 다행스럽게
시간이 지나니 수염은 다시 자라나왔습니다.

> 고양이의 코 양옆으로 나있는 수염은 일반 털보다 평균 2.5배 더
> 두껍고 3배 정도 깊숙이 박혀 있는 특수한 털로, 신경계와 밀접하
> 게 연결되어 있어 감각전달 등 중요한 역할을 담당합니다.

➡ 더 알아두라냥 ❶

수염을 태워먹는 고양이는 루리만이 아닙니다. 자기 고양이가
가스레인지, 혹은 촛불에 수염을 태워먹었다는 일화를 여기저기서
들을 수 있었죠. 지금 우리 집은 가스레인지가 아닌 전기레인지를
쓰고 있기 때문에 루리의 수염은 안전하답니다.

루리는 가스레인지 뿐 아니라 벌레, 택배박스, 비닐봉투에도 관
심이 많습니다. 아마도 모든 고양이가 그러겠지만요. 루리는 눈도

못 뜬 채 우리 집에 왔기 때문에 당연히 야생에서 사냥을 해 본 적도, 어미로부터 사냥하는 방법을 배우지도 못했습니다. 그렇지만 고양이에게 사냥은 본능인 것인지, 루리는 움직이는 벌레 사냥에 종종 성공합니다. 일단 움직이는 벌레를 발견하면 바로 사냥 모드가 되어 몸을 잔뜩 낮췄다가 사냥에 돌입합니다. 이때도 역시 처음에는 앞발로 벌레를 툭툭 치는데, 한 번은 조금 큰 벌레가 갑자기 빠르게 움직이자 놀라서 수직으로 점프한 적도 있습니다.

벌레뿐만 아니라 택배가 오면 여지없이 박스는 루리 차지입니다. 택배를 받아 박스를 놓아두면 우선 가서 냄새를 맡고 스크래치를 합니다. 우리 집에 새로 들어온 모든 박스는 루리가 먼저 일종의 검사를 하고 나서야 박스를 뜯어 물건을 확인할 수 있습니다. 박스에서 물건을 꺼내고 난 뒤에는 어떻게 될까요? 고양이 집사들이 모두 다 아는 것처럼 박스는 고양이의 임시 거처가 됩니다. 꼭 박스 안에 한동안 들어가 있죠.

비닐봉투도 마찬가지입니다. 비닐봉투가 바닥에 뒹굴면 그 안에 들어가려고 노력합니다. 하지만 이미 거대한 몸집을 갖게 된 루리는 몸을 모두 봉투 안에 넣지 못해서 엉덩이는 늘 봉투 밖에 나와 있습니다. 크든 작든 비닐봉투나 박스라면 일단 들어가 보는 거죠. 가끔은 들어가는 것만으로는 부족한 지 그 안에서 낮잠을 자기도 하는데 그런 걸 보면 박스나 비닐봉투가 고양이에게 안정감을 주는 것 같습니다. 루리는 심지어 책상 서랍을 조금 열어두면 그 안에 들어가기도 했습니다. 물론 지금은 몸이 다 들어가지 않지만요.

고양이가 박스, 비닐봉투, 책상 서랍 속 등 사람이 볼 때 '좁고 불편한 곳'에 고양이 특유의 유연성을 통해 들어가는 것을 종종 볼 수 있습니다. 그리고 신기하게 그 안에서 자세를 바꾸기도 합니다. 고양이는 야생생활을 할 때도 좁은 바위 틈 같은 구석진 작은 공간에 들어가는 걸 좋아하고 그 안에서 낮잠을 자기도 하는데, 그런 좁은 공간에 들어가 있어야 자기보다 몸집이 큰 포식자가 들어오지 못하기 때문에 안정감과 편안함을 느끼는 것입니다. 또 어릴 때 안전하다고 느꼈던 장소가 있으면 계속해서 그 장소를 이용하려는 경향도 보입니다. 예를 들어, 어릴 때 책상 서랍에 들어가서 편하게 낮잠을 잤던 기억이 있다면 계속해서 책상 서랍 안으로 들어가려고 합니다. 루리가 바로 그런 경우인데, 자신의 몸집이 커져서 들어가기가 점점 힘들어져도 어떻게든 안으로 들어가려고 애를 쓰곤 하거든요.

고양이에게
긁을 곳은 필수!

앞에서 스크래치는 고양이의 본능에 의한 자연스러운 행동이며, 그 본능을 잘 해결할 수 있도록 집사로서 노력할 필요가 있다고 언급했습니다. 그렇다면 고양이는 도대체 왜 스크래치를 하는 걸까요? 고양이는 크게 3가지 이유로 스크래치를 합니다.

❶ 발톱관리
우선 고양이는 개와 다르게 발톱을 평상시에 숨기고 있습니다.

> 고양잇과 동물에는 고양이 외에 표범, 호랑이, 살쾡이, 재규어, 사자, 치타, 퓨마 등의 동물이 있는데, 이 중 치타를 제외한 모든 고양잇과 동물이 발톱을 숨길 수 있습니다. 고양잇과 동물이 발톱을

숨길 수 있는 것은 다른 동물과는 다른 특이한 근육과 피부 덮개,
인대, 힘줄 구조를 가지고 있기 때문입니다.

➡ 더 알아두라냥 ❷

    고양이 발톱은 특이하게도 여러 겹으로 이루어져 있습니다. 그래서 시간이 지나면 맨 바깥쪽에 존재하는 한 겹의 발톱이 벗겨지고 안쪽에서 새로운 발톱이 나오게 됩니다. 안쪽 발톱이 밀고 올라오는 과정에서 바깥쪽 발톱이 너덜너덜해지는 순간이 오는데, 이때 스크래치를 통해 바깥쪽 발톱이 제거됩니다. 스크래치를 하면서 떨어지기도 하고 고양이가 직접 치아를 이용해 발톱 부분을 깨물어서 발톱을 제거하기도 합니다.

    그래서 고양이를 키우다 보면 간혹 떨어진 고양이 발톱을 발견하게 되는데, 이를 모으는 것도 집사로서 하나의 큰 재미입니다. 파충류를 키우는 사람들이 탈피한 피부 조직을 소중하게 생각하는 것처럼 말입니다. 그만큼 고양이의 떨어진 발톱은 의외로 발견하기 어려워서 고양이를 키우면서 평생 발톱을 한 번도 발견하지 못하는 사람도 있습니다. 하지만 이렇게 발톱이 벗겨지는 시기가 아니더라도 고양이의 발톱 관리는 본능이기 때문에 매일 스크래치를 합니다.

❷ 영역표시

고양이는 영역을 지키는 영역동물이고, 자신의 집이 곧 자신만의 고유한 영역입니다. 이런 자신의 영역을 언제 다른 고양이가 침범할지 모르기 때문에 영역 여기저기에 자신의 표시를 합니다. 흔히 말하는 영역표시입니다. 스크래치도 대표적인 영역표시 방법 중 하나입니다.

고양이는 수직인 곳이나 수평인 곳에 스크래치를 하는데, 수직인 곳에 스크래치를 할 때 관찰해 보면 쭉 일어서서 높은 곳에 발톱 자국을 남기는 걸 알 수 있습니다. 이렇게 높은 곳에 발톱자국을 남김으로써 다른 고양이에게 "이 영역에는 이만큼 큰 고양이가 살고 있으니 넘볼 생각 마라!"라고 경고하는 것입니다.

고양이가 잠에서 깨자마자, 그리고 밥을 먹고 나자마자 스크래치를 하는 경우가 많은데 그런 걸 보면 고양이늘은 자신의 발톱관리와 영역관리에 참 충실한 동물인 것 같습니다. 마치 "배도 부른데 영역표시 좀 해 볼까?", "푸하함~ 잘 잤다. 손톱관리 좀 해 볼까?"라는 듯이 말입니다.

종종 고양이가 스크래쳐에 자신의 얼굴을 부비거나 꼬리를 치켜세우고 몸을 비비는 장면을 본 적이 있을 텐데, 이는 앞서 살펴본 몸 비비기(Rubbing)행동을 통해 자신의 영역을 더욱 더 강하게 표시하는 행동입니다.

> 고양이는 시각보다 후각이 더 예민한 동물입니다. 따라서 스크래치를 하는 곳에, 혹은 스크래치와 별도로 자신의 냄새를 여기저기에 묻힘으로써 자신의 영역임을 더욱 강하게 알립니다. 이런 행동을 몸 비비기(Rubbing)라고 부릅니다.

자신의 발톱자국뿐만 아니라 발바닥, 얼굴, 꼬리에 있는 취선을 모두 이용하여 자신의 냄새까지 묻히는 걸 보면 고양이에게 스크래쳐는 아주 중요한 영역표시 대상이라는 걸 알 수 있습니다. 따라서 스크래쳐가 영역의 중요한 곳(영역의 한복판, 먹이를 먹거나 쉬는 곳 주변 등)이 아닌 너무 구석이나 어둡고 습한 지하실 등에 있다면 잘 이용하지 않을 수 있으니 위치에 신경을 써야 합니다. 그런 곳에 스크래쳐가 있다면 스크래쳐 대신에 영역의 중요한 부분에 있는 좋은 재질의 사물(소파, 식탁 다리 등)을 이용할 수도 있습니다. 또 안타깝지만 준비한 스크래쳐의 재질이 고양이의 마음에 들지 않는다면 더더욱 가구를 이용할 것입니다.

❸ 흥분한 경우

발톱관리와 영역표시 외에도 고양이가 흥분을 하게 되면 스크래치를 합니다. 주인이 밖에 나갔다가 돌아왔을 때 뻘쭘하게 스크래치를 하기도 하고, 갑자기 사냥 놀이를 하려고 할 때도 스크래치를 보여주기도 합니다. 루리는 가끔 제가 빠른 속도로 다가갈 때나 모르는 사람이 집에 왔을 때도 흥분해서 동공어택과 함께 카펫에 빛의 속도로 스크래치를 합니다. 또 사료 봉지를 뜯거나 간식을 주려고 할 때에 흥분해서 스크래치를 하는 고양이도 많습니다.

고양이에게 스크래치는 본능이기 때문에 스크래치 때문에 가구가 조금 손상되더라도 집사로서 너그러이 이해하는 마음이 필요합니다. 그리고 어릴 때부터 스크래치 교육을 잘 시키고 고양이가 원하는 재질의 스크래쳐를 좋은 위치에 설치해준다면, 충분히 정해진 스크래쳐에만 스크래치를 하게 할 수 있다는 걸 알아두면 좋습니다.

스크래쳐 설치와 함께 고양이 발톱관리를 위해 해줄 수 있는 행동이 바로 발톱 자르기입니다. 고양이는 평상시에 발톱을 숨기고 있기 때문에 발등 부분과 발바닥 밑에 있는 패드 부분을 동시에 꾹 눌러주면 발톱을 밖으로 나오게 할 수 있습니다. 이 상태에서 발톱깎이로 발톱을 자르면 됩니다. ➔ 더 알아두라냥 ❸

발톱을 자를 때 자칫 잘못하면 피가 날 수도 있습니다. 또한 발톱 자르는 것에 고양이가 스트레스를 많이 받거나 거부하면서 사람을 물거나 할퀴는 경우도 많기 때문에, 발톱 자르기를 위한 집사의 사전 노력이 필요합니다. 더 알아두라냥 ④

고양이의 이갈이에 놀라지 않으려면

수의과대학에서는 졸업 전에 병원 로테이션을 돕니다. 내과, 피부과, 산과, 안과, 정형외과, 일반외과, 영상의학과 등 각 과를 돌면서 진료 케이스를 간접적으로 경험하고 공부하는 과정입니다. 세가 학창시절에 안과/치과 로테이션을 돌 때 한 고양이 보호자가 병원에 찾아왔습니다. 주요 증상은 고양이의 이빨이 빠졌다는 것이었죠. 그런데 사실 그 고양이는 아픈 데가 전혀 없었고 단지 이갈이를 했을 뿐이었습니다. 담당 수의사의 말을 들은 주인은 "고양이도 이갈이를 하는구나. 엄마가 그것도 몰라서 미안해."라며 아픈 데가 없다는 말에 안심하고 집으로 돌아갔던 일이 있었습니다.

고양이도 이갈이를 한다는 것에 놀라는 사람을 의외로 여러 번 접하곤 합니다. 분명히 말하지만 고양이도 사람, 개와 마찬가지로 이갈이를 합니다. 고양이의 치아는 앞니, 송곳니, 작은 어금니, 큰 어금니의 4종류로 이루어져 있습니다. 그리고 어릴 때 한 번 이갈이를 합니다. 이때 모든 이빨이 빠지고 새로운 이빨이 나오게 됩니다. 치아를 정면으로 본 상태에서 4부분으로 나눠(윗니 오른쪽 부분, 윗니 왼쪽 부분, 아랫니 오른쪽 부분, 아랫니 왼쪽 부분) 고양이 이빨에 대해 살펴보겠습니다.

❶ 앞니(Incisors)

앞니는 보통 음식을 자르는 데 사용한다고 해서 '절치'라고도 부릅니다. 앞니는 이갈이 전에 한 부분당 3개씩 가지고 있습니다. 이갈이 후에도 각 부분당 3개씩, 총 12개의 앞니를 가집니다. 유치 12개가 빠지고 그 자리에 영구치 12개가 나는 것입니다.

❷ 송곳니(Canines)

송곳니는 음식을 뜯는데 사용한다고 해서 '견치'라고도 부르는데, 고양이는 각 부분당 1개의 송곳니를 가지고 있습니다. 고양이는 이갈이 전후로 모두 각 부분당 1개의 송곳니, 즉 총 4개의 송곳니를 가집니다.

❸ 작은 어금니(Premolars)

어금니는 음식을 씹고 으깨는 부분이기 때문에 '절구치'라고도 부릅니다. 어금니는 작은 어금니와 큰 어금니가 있는데, 이 중 작은 어금니는 '소구치(작은 어금니)' 또는 '전구치(앞쪽 어금니)'라고 합니다. 작은 어금니는 이갈이 전후로 모두 윗니 6개(윗니의 왼쪽 오른쪽 각각 3개씩), 아랫니 4개(아랫니의 왼쪽 오른쪽 각각 2개씩) 등 총 10개를 가집니다.

개수가 똑같다고 이갈이를 안 하는 것이 아니라 위에서 언급한 것처럼 모든 이빨이 빠지고 새로운 이빨이 자라나는 것입니다.

❹ 큰 어금니(Molars)

큰 어금니는 그냥 '구치'라고 부릅니다. 역시 음식을 씹고 으깨는 데에 사용되는 이빨입니다. 큰 어금니는 이갈이 후에만 자라납니다. 즉, 이갈이 전인 고양이에게는 큰 어금니가 한 개도 없습니다. 이갈이를 하면서 각 부분당 1개씩 큰 어금니가 자라납니다. 따라서 성묘의 큰 어금니 개수는 총 4개가 됩니다.

수의대에서 공부하다 보면 윗니와 아랫니 숫자를 '앞니-송곳니-작은 어금니-큰 어금니' 순으로 한 부분당 이빨 개수를 공식처럼 외우게 됩니다. 무려 각 동물 종류별로 말입니다.

고양이 치아 공식은 아래와 같습니다.

이갈이 전 : 3-1-3, 3-1-2

이갈이 후 : 3-1-3-1, 3-1-2-1

그래도 고양이 치아 공식은 외우기 쉬운 편입니다. 왜냐하면 이갈이 전후로 치아 개수가 정확히 큰 어금니 개수만큼 차이가 나기 때문입니다. 이갈이 전 고양이 이빨 개수는 총 (3-1-3)×2＋(3-1-2)×2＝26개이고, 이갈이 후에는 (3-1-3-1)×2＋(3-1-2-1)×2＝30개가 됩니다. 각 부분당 큰 어금니 1개씩만 늘어났기 때문에 총 개수는 4개만 증가하는 것입니다.

윗니와 아랫니 모두 큰 어금니가 각 부분당 1개씩이지만 윗니의 큰 어금니가 굉장히 작은 반면, 아랫니의 큰 어금니는 작은 어금니 크기와 비슷할 정도로 크다는 것이 고양이 치아의 특징입니다.

고양이는 생후 2~3주 때 처음 앞니부터 이빨이 나기 시작하고, 3~5개월이 되면 이갈이를 합니다.

캣닢 하나면
행복해질 수 있다니

고양이 집사들 사이에서 고양이 마약이라고 불리는 것이 있습니다. 바로 '캣닢(catnip, 개박하)'이 그 주인공입니다. 안타깝게도 루리는 캣닢에 큰 반응을 보이지 않지만, 수많은 고양이들이 캣닢 앞에서 무장해제되어 자신의 고귀함을 놓아버린 채 몸을 비비거나 바닥에 뒹굴면서 좋아합니다.

고양이들이 마치 마약에 취한 것처럼 보이게 만드는 캣닢에는 중독성이 없습니다. 사람이 술을 마시면 기분이 좋아지는 것처럼 고양이는 캣닢을 통해 황홀한 기분을 느끼고 흥분하는 것뿐입니다. 그럼 고양이들을 미치게 만드는 캣닢에 대해 알아보도록 하겠습니다.

❶ 캣닙(catnip)이란?

허브의 한 종류로 학명은 'nepeta cartaria'입니다. 우리나라 말로는 '개박하'라고 합니다. 잎 끝이 톱니처럼 자라고 건조시켜 말리면 박하향이 나기 때문에 개박하라고 부르는데, 고양이가 워낙 좋아하기 때문에 'catnip'이라는 이름이 붙었습니다.

캣닙(catnip)

❷ 성분

캣닙의 '네페타락톤(nepetalactone)'이 바로 고양이를 미치게 하는 성분입니다. 캣닙 말고 개다래나무(마따따비)에도 네페타락톤 성분이 있기 때문에 캣닙과 비슷한 효과를 보입니다. 그래서 캣닙에 반응하지 않는 고양이들도 개다래나무(마따따비)에는 반응하는 경우가 종종 있습니다. 물론 루리처럼 둘 다 반응하지 않는 고양이들도 있긴 합니다.

❸ 작용기전

캣닙의 네페타락톤이 고양이의 코로 들어가면 후각망울의 세포들을 자극합니다. 자극된 후각망울 세포들은 뇌 변연계에 있는 편도체와 시상하부를 자극하는데, 편도체는 동기, 학습, 감정과 관련

된 정보를 처리하여 그것이 행동으로 이어지게 만들고 시상하부는 뇌하수체를 자극하여 신경내분비 작용을 일으킵니다. 고양이가 인공 페로몬에 반응하는 것과 같은 원리입니다. 참고로 인간의 뇌는 고양이의 뇌와 다르기 때문에 캣닙에 과하게 반응하지 않습니다.

❹ 반응

캣닙을 좋아하는 고양이들은 정말 미친것처럼 보입니다. 흥분하고, 뜯고, 안고, 그 위에서 뒹굴고 먹기 때문입니다.

❺ 재배

상품으로 나온 캣닙도 있지만, 직접 씨앗을 구매하여 화분에 캣닙을 길러보는 집사들도 많습니다. 캣닙은 생명력이 좋아 잘 자라는 편입니다. 처음 자라나기 시작하는 데는 시간이 좀 걸리는 경우도 있지만, 한번 자라기 시작하면 금세 주변을 잠식해 들어갑니다. 이렇게 자라나는 생 캣닙은 박하향과는 조금 다른 향기가 나는데, 직접 키운 캣닙을 잘라서 2~4주 동안 말리면 우리가 흔히 아는 바로 그 박하향이 나기 시작합니다.

고양이들은 사람보다 후각이 훨씬 발달되어 있기 때문에(그리고 후각에 많이 의존하기 때문에) 사람이 맡는 박하향보다 훨씬 더 강력하게 박하향을 맡을 수 있습니다. 따라서 사람에게는 박하향이 별로여도 고양이들은 거기에 엄청난 반응을 보일 수 있는 것입니다.

❻ 사용

고양이랑 놀아줄 때, 스크래치 교육 시, 식욕 저하 시, 발정기 때 캣닙을 사용할 수 있습니다. 놀아주는 목적으로 캣닙을 사용할 때는 캣닙을 직접 주는 것이 아니라 캣닙을 안에 넣은 장난감이나 파우치를 이용합니다. 캣닙을 안에 넣음으로써 캣닙으로 집안이 어질러지는 걸 방지할 수 있고, 고양이도 더 깔끔하게 놀 수 있기 때문입니다. 대신 박하향이 사라지면 흥미를 잃게 될 수 있으니, 잘 가지고 놀던 캣닙 장난감을 더 이상 갖고 놀지 않으면 새로운 캣닙으로 장난감을 다시 만들어주는 것이 좋습니다.

또 스크래쳐에 캣닙을 묻혀 놓으면 스크래치 교육에 도움이 되고, 식욕이 떨어졌을 때는 캣닙을 사료에 섞어 주는 것이 도움이 될 수도 있습니다. 그리고 발정기 때도 발정 행동을 참기 힘든 경우에 캣닙을 이용할 수 있는데, 10~20분이지만 잠시나마(캣닙에 집중하는 동안) 발정행동을 멈추게 할 수 있습니다.

❼ 특징

캣닙은 중독성이 없어 안전하다는 장점이 있습니다. 다만 향기가 사라지면 고양이들이 흥미를 잃을 수 있습니다.

고양이뿐만 아니라 고양잇과 다른 동물들도 캣닙에 반응을 보인다고 알려져 있으며, 보통 고양이들은 캣닙에 10~20분 정도 반응을 보입니다. 또한 캣닙을 자주 접하면 흥미를 잃을 수도 있으니,

캣닙으로 놀아주는 것은 일주일에 1~2번 정도가 적당합니다.

❽ 기타

어린 고양이들은 캣닙에 반응이 없을 수도 있습니다. 보통 6개월 이하 고양이들은 반응하지 않는 경우가 많다고 알려져 있습니다. 그런데 캣닙에 관심이 없던 아이들도 자라면서 점점 캣닙에 반응을 보이는 경향이 있으니, 어릴 때 반응이 없다고 너무 실망하지 말고 어느 정도 자란 뒤에 다시 한 번 캣닙을 줘 보는 것도 좋습니다. 하지만 나이가 6개월 이상이라 하더라도 약 30%의 고양이는 캣닙에 반응이 없다고 합니다. 루리도 캣닙에 반응하지 않는 30% 중 한 마리입니다.

따뜻한 곳은 좋아하지만
뜨거운 음식은 못 먹어

　겨울이 되면 우리 가족은 작은 전기 히터 2~3개를 거실과 방에 틀어놓습니다. 그러면 루리는 꼭 그 히터 앞에 자리를 잡고 배를 깔고 눕습니다. 재미있는 점은 히터를 틀면 작게 작동 소리가 나는데, 루리는 용케 그 소리를 듣고 어디선가 튀어나와 히터 앞에 자리를 잡고야 만다는 것입니다. 그런 것을 보면 고양이는 참 따뜻한 곳을 좋아하는 동물이라는 걸 알 수 있습니다. 특히 히터 앞에 의자라도 있으면 금상첨화입니다. 의자 위에 올라가서 제대로 따뜻함을 즐길 자세를 잡습니다. 높은 곳을 좋아하는 고양이에게 따뜻함까지 제공되니 그곳이야말로 루리에게는 천국이 아닐까 싶습니다.

　히터 앞에 자리 잡는 행동 뿐 아니라 루리가 따뜻한 곳을 좋아한

다는 걸 알려주는 행동이 또 있습니다. 루리는 화창한 날이면 여지없이 햇빛이 잘 드는 곳으로 가서 낮잠을 잡니다. 창가에 기대어 햇빛을 즐기며 잘 때도 있고 베란다에 내어 놓은 자전거 시트 위나 캣타워 위에서 햇빛을 그대로 맞으며 잘 때도 있습니다.

겨울이 되면 저는 침대에 온수매트를 설치하는데, 온수매트의 각 부분마다 온도가 차이 나곤 합니다. 어느 곳은 따뜻하고 어느 곳은 상대적으로 차가울 때가 있죠. 이때 루리를 활용하면 제일 따뜻한 곳을 찾을 수 있습니다. 온수매트를 틀어놓으면 루리가 먼저 가서 제일 따뜻한 곳에 자리를 잡고 식빵자세를 취합니다. 그럼 그곳이 매트 중에서 가장 따뜻한 곳일 확률이 높습니다.

이처럼 고양이는 따뜻한 곳을 좋아하고 햇살을 느끼며 낮잠 자는 걸 좋아합니다. 때문에 따뜻한 햇빛이 잘 드는 곳에 고양이가 올라가서 쉴 수 있는 공간을 마련해주고, 겨울철에 난로나 따뜻한 매트를 깔아주면 내 고양이가 만족스러워하는 모습을 볼 수 있을 겁니다.

따뜻함과 관련해서 하나 더 알아두면 좋은 것이 있습니다. 고양이에게 캔 사료나 캔 간식, 참치 캔 등을 줄 때 전자레인지에 살짝 돌려서 따뜻하게 만들어 주면 풍미가 살아나 고양이가 더 맛있게 먹곤 합니다. 이것은 그냥 줬을 때 먹지 않았던 캔 간식을 전자레인지에 5초 정도 돌려서 줬더니 루리가 잘 먹는 것을 본 제 경험에서 나온 조언입니다. 하지만 고양이는 너무 뜨거운 음식은 오히려 잘 먹지 못하기 때문에 주의가 필요합니다.

> 일본에서는 뜨거운 음식을 잘 먹지 못하는 사람을 '네코지타(고양이 혀)'라고 부르기도 합니다.

사실 고양이만 뜨거운 음식을 못 먹는 게 아니라 대부분의 육식동물이 뜨거운 음식을 잘 먹지 못합니다. 원래 육식동물은 야생에서 뜨거운 음식을 먹을 일이 없기 때문입니다. 야생에서는 가장 뜨거운 음식이라고 해봤자 방금 사냥한 동물의 사체이기 때문에, 동물의 체온 이상의 뜨거운 음식을 먹을 일이 없습니다. 따라서 고양이뿐만 아니라 다른 육식동물들도 뜨거운 음식을 잘 먹지 못합니다. 사람도 훈련을 통해서 뜨거운 음식을 먹게 된 것이며 뜨거운 음식을 본능적으로 쉽게 잘 먹는 사람은 없다고 알려져 있습니다. 전자레인지에 캔 간식을 데워 줬을 때 고양이가 더 잘 먹는 이유도 여기에 있습니다. 고양이 같은 육식동물은 사냥을 통해 동물의 사체를 주로 먹었기 때문에 전자레인지로 캔 간식을 동물의 체온과 비슷한 정도로 만들어 주면 잘 먹는 것입니다.

오히려 너무 차가운 캔 사료를 먹으면 갑자기 토를 하는 경우도 있기 때문에 고양이를 위해 차가운 음식은 살짝 데워서 주면 좋습니다.

까칠한 데엔
이유가 있다

개는 키워봤지만 고양이를 처음 키워보는 분들이 어느 순간 깨닫게 되는 '개와 고양이의 다른 점'들이 있습니다. 그 중 하나가 바로 고양이의 혀가 까칠하다는 사실입니다.

저는 고양이의 혀가 까칠하다는 걸 루리가 그루밍할 때 처음 알게 되었습니다. 어느 조용한 날, 집에 혼자 있는데 루리가 옆으로 와서 그루밍을 시작했습니다. 당시 워낙 집이 조용했기 때문에 루리의 그루밍 소리가 잘 들렸는데, '쓰윽 쓰윽' 하는 소리가 마치 사포로 무언가를 문지르는 소리 같았습니다. 그 소리에 궁금증이 생겨 루리의 혀를 자세히 관찰하게 됐고, 고양이 혀에는 가시가 있다는 걸 알게 되었습니다. 제 주변의 집사들은 대부분 고양이가 사람의 팔을 핥아주거나 옷을 핥을 때 느껴지는 까칠함과 '벅벅'소리 때문에 알게 되었다고도 합니다.

고양이의 혀에는 0.5mm 크기의 가시들이 200~400개 정도 존재합니다. 그리고 이 돌기(가시)들은 아래와 같은 특징을 가지고 있습니다.

❶ 딱딱하고 뾰족하다.
❷ 혀 중앙부분에 위치해 있다.
❸ 0.5mm 정도 크기로 수백 개가 존재한다.
❹ 뒤쪽 방향으로 솟아있다.
❺ 맛을 느끼는 유두와는 다르다(맛 감각유두가 아니다).

돌기가 딱딱한 이유는 돌기에 포함된 케라틴(keratin) 때문입니다. 돌기는 주로 혀의 중앙 부분에 위치해 있는데, 돌기가 없는 부분에 맛을 인지하는 유두들이 분포합니다.

고양이의 혀 돌기

그렇다면 이런 돌기들이 고양이 혀에 존재하는 이유는 무엇일까요?
바로 이 돌기들이 몇 가지 중요한 역할/기능을 하기 때문입니다. 고양이 혀의 돌기는 그루밍을 할 때 마찰력을 발생시켜 그루밍 효과를 증대시키는 역할을 하는데, 이것이 고양이 혀 돌기의 가장 큰 기능입니다. 돌기의 방향이 뒤쪽을 향하고 있기 때문에 혀의 움직임에 따라 털을 잘 고를 수 있게 되는 것입니다. 마치 빗에 달린 브러시 역할을 한다고 생각하면 됩니다. 또 사냥감을 꽉 잡거나 사냥한 고기를 떼어 먹는데도 큰 역할을 하는데, 이런 기능은 고양이보다 호랑이나 사자 같은 동물에게 더 중요한 기능입니다. 때문에 호랑이나 사자 등 다른 고양잇과 동물의 혀에는 더 발달된 돌기가 더욱 많이 달려 있습니다.

이처럼 고양이에게 혀 돌기는 중요한 역할을 담당하고 있기 때문에 집사를 핥아주는 고양이의 혀가 까칠까칠해도 너그러이 이해해 주는 게 좋겠죠.

나의 푹신함을 확인할 기회! 꾹꾹이

집사들이 특히 귀여워하는 고양이의 행동 중 하나가 바로 '꾹꾹이'입니다. 인터넷에서도 고양이가 주인에게, 혹은 다른 고양이에게 정성스레 안마를 하는 것처럼 꾹꾹이하는 영상이 화제가 되곤 합니다. 사람이나 다른 고양이 말고 이불이나 베개, 담요 등 푹신한 물건에 꾹꾹이를 하는 고양이들도 많습니다.

많은 집사들이 자신의 고양이가 꾹꾹이하는 모습을 영상이나 사진으로 SNS와 커뮤니티에 올리곤 하는데, 그때마다 저는 그분들을 부러워 하곤 합니다. 왜냐하면 루리는 지금까지 단 한 번도 꾹꾹이를 한 적이 없기 때문입니다. 저는 루리가 꾹꾹이를 하지 않는 이유가 너무 어릴 때 우리 집에 오게 되어 어미나 형제로부터 꾹꾹이를 배우지 못해서라고 생각했습니다. 하지만 신기하게도 루리처럼 아주 어릴 때 어미와 떨어진 고양이들 중에서도 꾹꾹이를 하는 고양이가 있습니다.

  고양이의 꾹꾹이는 새끼 때 어미젖을 먹으면서 젖이 더 잘 나오도록 엄마 배를 꾹꾹 누르던 행동입니다. 꾹꾹이에 대한 여러 가지 이론이 있지만 이 이론이 가장 맞는 것 같습니다. 아마 어릴 때 어미 배를 누르면서 젖을 먹으며 느꼈던 편안하고 포근한 기분을 다시 느끼고 싶은 마음에 나오는 행동이라고 생각합니다.

  따라서 어릴 때 어미젖을 먹어보지 않은 고양이보다 젖을 먹고 자란 고양이들이 꾹꾹이를 할 확률이 높을 수밖에 없고, 그렇게 따지면 루리가 꾹꾹이를 하지 않는 것도 충분히 이해할만 합니다. 하지만 앞서 말했듯 어미젖을 안 먹어본 고양이들 중에서도 꾹꾹이를 하는 개체가 있는 걸 보면 일부 고양이에게는 꾹꾹이가 타고난 본능인지도 모르겠습니다.

  이불이나 베게, 담요 등 푹신한 곳에 꾹꾹이를 하는 것도 어미젖을 먹을 때 부드러운 배를 누르던 기억이 남아서 보이는 행동입니다. 실제로 인형이나 이불에만 꾹꾹이를 하던 고양이가 살이 찐 집사의 배에 꾹꾹이를 시작해서 집사가 큰 충격을 받고 다이어트를 시작한 일화도 있습니다. 그만큼 고양이는 푹신한 곳에 꾹꾹이를 하는 경우가 많습니다.

고양이들은 꾹꾹이를 하면서 골골송을 부를 때도 많습니다. 골골송이 앞에서 살펴본 것처럼 고양이가 기분 좋을 때 내는 소리인 걸 보면, 그만큼 꾹꾹이가 고양이에게 편안함과 좋은 기분을 느끼게 해 주는 것 같습니다. 간혹 꾹꾹이를 하다가 젖을 먹는 것처럼 빨고 핥는 행동을 보이는 경우도 있습니다. → 더 알아두라냥 ❺

재미있는 사실은 많은 고양이들이 꾹꾹이를 하고 나서 잠을 잔다는 것입니다. 그 이유는 2가지 정도로 생각해 볼 수 있습니다. 첫 번째로 꾹꾹이를 하면서 기분이 좋아지고 편안해져서 잠이 온다는 이유와, 두 번째로 어릴 때 젖을 먹고 배가 불러 바로 잠을 자던 습관이 나온다는 이유입니다.

꾹꾹이는 좋은 기억을 되살리고 자신을 편안하게 해주는 행동이므로, 고양이가 싫어하는 사람이나 물건에 하는 경우는 드뭅니다. 따라서 우리 집 고양이가 나에게 꾹꾹이를 해 준다는 건 나를 그만큼 좋아한다는 뜻입니다. 물론 내가 그만큼 푹신하다는 뜻도 될 수 있지만요.

물론 루리처럼 꾹꾹이를 하지 않는 고양이들도 많으니 우리 집 고양이가 꾹꾹이를 하지 않아서 나를 싫어한다고 오해하거나 실망할 필요는 없습니다.

물 마시고 화장실 가는 것도 고양이스럽게

　루리의 물그릇은 거실 화장실(고양이 리터박스가 아닌 사람 화장실)에 있습니다. 루리는 자동 급식기에서 사료를 먹은 뒤 곧바로 물을 마시러 화장실로 들어갑니다. 그런데 물그릇에 있는 물뿐만 아니라, 컵에 담긴 물이나 화분에 있는 물을 마시기도 하고 싱크내에 올라가서 물을 마시기도 합니다. 그리고 샤워기를 틀거나 수도꼭지를 틀었을 때 달려와서 물을 마시는 경우도 있습니다. 특히 수도꼭지에서 흐르는 물을 마시기 위해 몸을 쭉 펼칠 때는 새삼 루리가 뚱뚱하기만 한 게 아니라 몸이 참 길다는 걸 깨닫기도 하죠.

　그런데 이렇게 다양한 방식으로 물을 먹는 건 좋은데 그중에서 왜 하필 변기에 고여 있는 물을 마시는 것일까요? 사람 입장에서는 참 이해할 수 없는 행동인데, 루리 말고도 수많은 고양이들이 변기에서 수분섭취를 강행하곤 합니다. 어항이 있는 집에서는 고양이가 어항 물을 먹는 경우도 종종 있다고 합니다. 또 바로 입을 대어 물을 마시지 않고 발바닥에 물을 묻힌 뒤 그 물을 핥아 먹는 고양이들도 있습니다.

일반적으로 고양이는 고인 물보다 흐르는 물을 더 좋아하는 것 같습니다. 물그릇에 물이 있는데도 세수를 하거나 설거지를 하기 위해 수도꼭지를 틀면 어김없이 달려와서 물을 마시는 고양이들도 있는 걸 보면 말입니다. 또 오랫동안 고여 있던 물보다는 시원하고 신선한 물을 좋아하는 경향도 있습니다.

사실 루리는 '특발성 방광염'이라고 불리는 일종의 'FLUTD(고양이 하부요로계 질환)' 환자입니다. 쉽게 말해 비뇨기계 문제로 소변을 보는데 어려움을 겪거나 피오줌을 보는 경우가 종종 있다는 것입니다. 암컷보다 수컷 고양이들에게 더 많이 발생하고 중성화수술이 도움이 되는 질병입니다. 그런데 루리는 암컷임에도, 그리고 어릴 때 중성화수술을 해줬음에도 몇 년 전에 하부요로계 질환이 발병해서 지금까지도 관리 중입니다. 루리는 하부요로계 질환 관리를 위해서 스트레스를 줄여줄 뿐만 아니라 수분섭취를 늘려주는 처방식을 먹고 있습니다. 스트레스를 줄이고 수분섭취를 늘려주는 것이야말로 고양이 하부요로계 질환에 매우 중요한 관리방법입니다. ➡ 더 알아두라냥 ❻

루리 외에도 고양이는 비뇨기계 질환에 많이 걸리는데 질병이 발생하기 전에 미리 예방하기 위해, 그리고 질병 발생 후 관리를 위해 고양이가 물을 많이 마시게 하는 것이 좋습니다. 충분한 수분 섭취는 하부요로계 질환 관리와 치료에 매우 중요한 요소입니다.

고양이는 물도 특이하게 마십니다. 고양이가 물을 마시는 장면을 촬영해서 천천히 돌려보면 혀의 뒷면으로 물 표면을 쳐서 물기둥을 만든 다음, 그 물기둥이 중력에 의해 다시 아래로 떨어지기 전에 얼른 물을 먹는다는 걸 알 수 있습니다. 물 표면을 튕겨서 물을 솟아오르게 한 뒤 먹는 것입니다. 고양이는 이 과정을 1초에 평균 3~4번 반복할 수 있을 정도로 남다른 혀 놀림을 자랑합니다.

하부요로계 질환 이야기를 하고 나니 화장실과 관련한 고양이의 습성에 대해서도 이야기해 드리고 싶습니다. 집에 있다 보면 루리가 갑자기 달리기 시작할 때가 있습니다. 이제는 나이가 많아 활력이 넘치지 않는데도 마구 집안을 뛰어다닐 때가 있는 것입니다. 바로 대소변을 보고 난 뒤입니다. 아버지나 어머니는 루리가 화장실 쪽에서 갑자기 달려 나오면 "루리 똥 쌌다.", "오줌 쌌네."라며 루리의 생리현상을 예상하는데, 이 예상은 빗나간 적이 없습니다. 루리는 왜 화장실을 가기 전후로 막 뛰어다니는 걸까요? 루리 말고 다른 고양이들도 화장실에서 대소변을 본 뒤 달리는 경우가 많습니다. 고양이가 대소변을 본 뒤 달리는 이유는 야생에서 하던 습관이 본능처럼 남아있기 때문입니다. 고양이는 원래 경계심이 강한 동물인데, 야생에서 포식자들의 위협으로부터 자신을 지키려는 본능이 남아있는 것입니다. 고양이의 소변이나 대변은 포식자들에게 고양이를 추적할 수 있는 강력한 단서가 될 수 있기에, 야생에서 대소변을 본 뒤에 그걸 흙으로 잘 덮은 다음 최대한 **빠른** 속도로 그 배변 장소를 떠납니다. 포식자들이 자신을 추적할 시간과 단서를 주지 않기 위함입니다.

야생에서 살아갈 때의 이러한 본능(포식자들의 위협을 피하려는 본능) 때문에 화장실을 다녀온 후 우다다를 한다는 것입니다. 그렇지만 사람과 함께 오래 살다보면 자신을 위협하는 포식자가 없다는 것을 느끼게 되어, 점차 대소변 후에 우다다를 하는 경우가 줄어들기도 합니다. 혹시 본능이 아니라 사람처럼 대소변을 봤다는 사실이 민망하고 그 냄새가 지독해서 피하는 것이 아니라면 말이죠.

대소변을 보고 흙으로 덮는 행동에 이어 보면, 고양이는 상대적으로 깨끗한 동물입니다. 아니, 깔끔 떠는 동물이라는 표현이 더 맞을지도 모르겠습니다. 그래서 그루밍도 열심히 하고 덕분에 냄새도 잘 나지 않습니다.

지인의 고양이인 온조가 재미있는 행동을 하는 걸 본 적이 있습니다. 온조는 평소 지저분한 걸 발견하면 일단 냄새를 맡고 바닥을 덮는 시늉을 보입니다. 물론 모래가 실제로 있는 게 아니기 때문에 덮어지진 않지만 연신 열심히 덮으려고 노력했습니다. 그런데 최근에 매우 신기한 행동을 보였는데, 바로 구토를 하고 나서 자신의 토를 휴지로 덮어놓은 것입니다. 사람이 토를 휴지로 닦아서 치우는 걸 봐서 그런 것인지, 아니면 발로 덮으려고 했지만 덮어지지 않아서 휴지로 덮은 것인지는 모르겠지만 말입니다.

오드아이 고양이에 대한 오해

지인이 키우는 흰색 터키시앙고라 사랑이는 양쪽 눈 색깔이 다릅니다. 한 쪽 눈은 노란색인데 다른 쪽 눈은 흰색입니다. 흔히 눈 색깔이 다르다고 이야기하지만, 정확히 얘기하면 양쪽 눈의 홍채 색이 다른 것입니다. 바로 '오드아이(odd eye)'입니다.

사람들은 오드아이 고양이를 두고 이상하고 무섭다고 생각하는 반응과 신기하다는 반응을 보입니다. 오드아이 고양이를 비싸게 사는 사람도 있고, 무섭다고 피하는 사람도 있습니다. 하지만 오드아이가 많이 알려지면서(개도 오드아이가 있습니다), 최근에는 나쁘게 생각하는 사람보다는 신기하게 생각하는 사람이 많은 듯 합니다.

오드아이는 양쪽 눈의 홍채 색이 다르다는 뜻이고, 눈 색깔이 정상 색과 다른 것을 의학용어로 '홍채이색증'이라고 합니다. 동공 주위에 위치하는 홍채는 빛의 양에 따라 동공의 크기를 조절해주는 기관입니다. 홍채의 색은 홍채 기질의 멜라닌 세포의 양과 전면 변연 층의 두께에 따라 결정되는데, 홍채이색증은 홍채에 침착하는 색소 차이 때문에 생기는 현상으로 시력에는 전혀 지장이 없습니다. 단순히 색소의 부족으로 인해 생기는 현상일 뿐입니다.

그런데 고양이 중에는 외상이나 녹내장 약물 치료 이후에 후천적으로 오드아이가 되는 경우도 있습니다. 그리고 개나 고양이보다는 드물지만 간혹 홍채이색증을 가진 사람도 있습니다.

흰털을 가진 고양이에게 홍채이색증이 많으며, 흰색 고양이가 오드아이일 경우 귀머거리일 확률이 높습니다.

홍채이색증은 단순한 색소 침착 차이에 의해 발생하는 것이므로 오드아이를 가졌다고 해서 좋은 품종인 것도 아니고, 오드아이라서 시력에 이상이 있는 것도 아닙니다.

홍채색은 유전이며 모색과도 관련이 있습니다. 보통 흰털을 가진 고양이에서 홍채이색증이 많이 발생하는 이유도 홍채이색증을 일으키는 유전자가 흰 털을 가진 개체에 많이 존재하기 때문입니다. 따라서 페르시안, 터키시앙고라 등이 홍채이색증이 많이 발생하는 고양이 품종이라고 할 수 있습니다. 앞서 말한 대로, 흰색 고양이가 오드아이인 경우 귀머거리일 확률이 정상 눈을 가진 고양이보다 높은데, 그 이유는 아직 밝혀져 있지 않으며 다만 통계적으로 확률이 높은 것만 알 수 있습니다. 흰 털에 푸른 눈을 가진 고양이는 약 60~80%, 흰 털에 오드아이를 가진 고양이는 약 30~40%, 흰 털에 황금색, 연둣빛 눈을 가진 고양이는 약 10~20%의 확률로 청각에 문제가 있을 수 있다는 것입니다. 하지만 한쪽 귀에 청각장애가 있다고 하더라도 다른 쪽 귀는 정상인 경우가 많기 때문에 일상생활에는 지장이 없습니다.

같이 사는 서로를 위한 선택, 중성화수술

매년 1~2월 정도가 되면 동물병원에 고양이 중성화수술 요청(특히 암컷)이 늘어납니다. 바로 발정 난 고양이의 울음소리를 견디지 못한 보호자들이 중성화수술을 위해 동물병원을 찾는 것입니다. 발정이 심하게 난 고양이는 동물병원에 와서도 계속해서 애인을 찾기 위해 처절하게 울부짖기도 하고, 진료 테이블 위에 발라당 누워 이리 구르고 저리 구르기도 합니다. 하루 종일 바닥을 데굴데굴 굴러다니는 고양이도 있습니다. 루리의 경우, 첫 발정이 오기 전에 중성화수술을 했기 때문에 저는 단 한 번도 발정을 경험한 적이 없습니다.

중성화수술을 두고 '꼭 필요한 수술'이라는 의견과 '자연의 섭리를 거스르는 불필요한 인간의 욕심'이라는 의견이 늘 맞서곤 합니다. 하지만 수의사로서, 그리고 고양이 집사로서 "2세를 볼 계획이 없다면 중성화수술을 긍정적으로 고려해 달라."고 말하고 싶습니다. 왜냐하면 중성화수술은 단지 내 고양이만을 위한 것이 아니라 주인인 집사를 위해, 그리고 사회를 위해서도 필요할 수 있기 때문입니다.

> 참고로 고양이는 생리를 하지 않습니다. 정확히 말하자면 무혈생리(피가 나오지 않는 생리)를 합니다. 따라서 고양이의 생식기에서 출혈이 나는 걸 보고 '생리 하네'라고 대수롭지 않게 여기면 몹시 위험할 수 있습니다. → 더 알아두라냥 ❼

중성화수술을 해야만 하는 이유로 크게 5가지만 꼽아보려고 합니다.

❶ 발정이 없어진다

위에서 살짝 언급한 발정이 심하게 온 암컷 고양이의 모습은 정말 상상초월이었습니다. 보호자가 도저히 고양이의 발정행동을 참을 수 없어 중성화수술을 위해 병원에 찾아 온 케이스였습니다. 이 고양이는 진료실에 들어오는 순간부터 수술을 위해 마취를 할 때까지 한 번도 멈추지 않고 아기 울음소리를 내면서 쉬지 않고 좌우로 굴러다녔습니다. 보통 발정이 온 고양이들은 궁디팡팡(꼬리 위

부분을 손으로 두드려주는 행동)을 통해 어느 정도 진정시킬 수 있는데, 이 고양이에게는 전혀 효과가 없었습니다. 때문에 보호자분도 밤에 전혀 잠을 자지 못했다고 했습니다. 평소 고양이는 활발한 개와 달리 참으로 고귀하고 품위 있게 행동합니다. 그런데 발정이 오면 고양이의 품위는 어디론가 사라져 버리는 데다가, 주인도 발정 행동 때문에 고통 받기도 합니다.

중성화수술과 관련한 하나의 팁으로, 발정이 온 상태에서 수술을 하는 것보다 발정 상태가 아닐 때 수술을 하는 것이 더 안전하다는 점을 알려드리고 싶습니다.

❷ 질병을 예방한다

고양이의 생식기 관련 질병은 참으로 많습니다. 암컷은 유선종양, 자궁축농증, 자궁·난소 종양이 대표적이고 수컷은 전립샘 문제가 대표적이라 할 수 있습니다.

이런 여러 가지 질병은 바로 중성화수술로 예방할 수 있습니다. 또한 중성화수술을 빨리 해 줄수록 예방 확률도 높아집니다. 유선종양을 예로 들어보겠습니다. 개의 유선종양은 35~50%정도의 확률만 악성인데 비해, 고양이의 유선종양은 90% 가까이 악성입니다. 악성 유선종양의 경우 혈관을 타고 다른 장기로 전파(전이)가 잘 됩니다. 때문에 유선종양이 폐까지 전이되어 죽는 경우가 꽤 있습니다. 그런데 중성화수술을 빨리 해주면 유선 종양의 발생확률이 크게 낮아진다는 것입니다. 첫 발정 전에 중성화수술을 해 주면 발병확률이 0.05%, 한 번 발정을 겪은 뒤에는 8%, 두 번 발정을 겪은 뒤에는 26%까지 발병확률이 증가한다는 연구 결과가 있습니다. 이것이 수의사가 반려동물이 어릴 때 중성화수술을 추천하는 이유입니다. 6개월 이전에 중성화수술을 해 준 고양이는 유선 종양의 발생확률이 9% 정도로 낮습니다.

또한 암컷이 많이 걸리는 질병 중에 자궁축농증이란 병이 있습니다. 이는 말 그대로 자궁에 농이 차는 질병으로, 자궁축농증에 걸리면 자궁과 난소를 들어내는 수술을 하는데 결국 이것이 중성화수술입니다. 자궁축농증은 수술하지 않을 경우 사망에 이르는 아주 무서운 병인데, 중성화수술을 하지 않은 암컷이 7~8살이 넘어가면 이 질병에 꽤 많이 걸립니다. 개인적인 생각으로는 중성화하지 않은 암컷의 50% 정도는 이 질병에 걸리는 것 같습니다. 자궁축농증이야말로 어릴 때 중성화수술을 한다면 발생하지 않을 질병이므로, 나중에 문제가 생긴 뒤 수술할 바엔 미리 하는 것이 더 좋습니다. 일단 자궁축농증에 걸리면 자궁에 농이 차서 자궁 자체가 커지고 혈관도 발달하기 때문에 수술이 까다로워질 수 있을 뿐만 아니라 수술의 위험성도 높아지기 때문입니다.

수컷도 5~7살 이상이 되면 전립샘 문제가 굉장히 많이 생기는데, 특히 개에게서 양성 전립샘 비대(BPH=Benign Prostatic Hyperplasia)에 걸린 경우를 많이 보았습니다. 그러면 전립샘이 커져 소변을 보는 것조차 힘들어집니다. 그런데 이 BPH에 걸렸을 때 제일 먼저 하는 조치가 바로 중성화수술입니다. 대부분 중성화수술을 통해 BPH가 해결됩니다. 나중에 전립선 문제가 생겨 고생고생한 뒤에 중성화수술을 해 줄 이유가 전혀 없는 것이죠.

유선종양, 자궁축농증, 전립선 문제 외에도 자궁·난소 종양, 고환종양 등 수많은 질병이 중성화수술로 예방됩니다. 그러니 중성화수술을 통해 반려동물을 질병으로부터 미리 지켜주는 것이 어떨까요?

❸ 스프레이가 사라진다

고양이는 영역표시를 합니다. 야생의 본능이 남아있기 때문입니다. 그중 하나가 바로 스프레이인데, 특히 발정이 오면 스프레이가 심해집니다. 제가 본 고양이 중에서 최킹의 스프레이를 했던 수컷이 있었는데, 1m 간격으로 계속해서 스프레이를 했습니다. 이렇게 되면 고양이도 고양이지만 주인이 무척 힘들어집니다.

중성화수술을 하면 이 스프레이도 막을 수 있습니다. 중성화수술을 통해 '스프레이'가 주는 '스트레스'를 없애 보시길 바랍니다.

❹ 집을 나가지 않는다

중성화수술은 사랑하는 고양이를 지켜주는 예방책이 되기도 합니다. 제가 고등학생일 때 있었던 일입니다. 당시 집에서는 딸기라는 이름의 암컷 페키니즈를 키웠는데, 벌써 10여 년 전의 일입니다. 우리 집은 1층인데 가끔 현관문을 열어놓을 때가 있었습니다. 문을 열어놓아도 딸기는 멀리 가지 않고 집 주변에 머물다 집으로 돌아오곤 했습니다.

그러던 어느 날, 딸기는 집을 나가서 다시는 돌아오지 않았습니다. 누나가 딸기를 찾으려고 울면서 집 주변을 돌아다닌 기억이 아직도 생생합니다. 어리다면 어렸던 저는 왜 평소엔 잘 돌아오던 딸기가 돌아오지 않고 집을 나간 것인지 그저 궁금했습니다. 그리고 그 궁금증은 제가 수의학과를 들어간 뒤에 해결되었습니다. 아마 당시에 딸기에게 발정이 왔던 모양입니다. 딸기에게 중성화수술을 미처 해 주지 못한 우리 가족의 큰 실수였습니다.

현재 동물등록제가 시행됐지만 고양이는 아직 등록대상 동물이 아닙니다. 그러니 중성화수술을 통해 반려동물을 잃어버리지 않도록 주의하셨으면 합니다.

❺ 유실·유기동물을 줄일 수 있다

유기동물이 사회적으로 아주 큰 문제가 되고 있습니다. 2015년 1년간 약 8만 2천 마리의 유기동물이 발생했는데, 그 중 개가 5만 9천 6백 마리(72.7%)였고 고양이가 2만 1천 3백 마리(25.9%)였습니다.

유기동물의 처리상황을 보면 개인분양(2만 6천 2백 마리, 32.0%), 자연사(1만 8천 6백 마리, 22.7%), 시설수용규모나 질병 등의 불가피한 사유로 안락사(1만 6천 4백 마리, 20.0%), 원래 소유주에게 반환(1만 2천 마리, 14.6%) 순이었습니다. 또한 유기·유실동물 처리비용은 유기동물 발생량에 비례하여 연간 소요비용은 128억 8천여 만 원으로, 2014년 대비 23.5%나 증가했습니다. 특히 길고양이 TNR 사업 예산이 크게 증가되었습니다. 2015년에 길고양이 TNR사업에 사용된 비용은 무려 31억 4천여 만 원입니다.

※국내 유기동물 처리비용

('12)105.8→('13)110.8→('14)104.4→('15)128.8억 원(TNR 31.4)

이렇듯 유실·유기동물은 동물을 잃어버린 주인에게 큰 아픔이자 사회적으로 큰 문제이기도 합니다. 이뿐만이 아닙니다. 동물들도 큰 위험에 처하게 됩니다. 집에서 키워지는 것에 익숙해진 동물들이 갑자기 밖에서 살게 된다면 굶어죽거나 사고를 당해 목숨을 잃을 가능성이 높아질 수 밖에 없으니까요.

이렇게 유기동물이 사회적으로 문제가 되는 상황에서 중성화 되지 않은 고양이가 길고양이가 되어 새끼까지 낳게 되면 또 다른 사회 문제를 일으켜 더 큰 사회적 비용을 필요로 하게 됩니다. 길고양이가 임신과 출산을 반복하고 또 그 새끼들까지 임신과 출산을 반복한다면 이론적으로 한 마리의 고양이가 10년 만에 수백 마리로 늘어나게 됩니다. 중성화수술은 유실·유기동물 발생 시 개체수가 무자비하게 늘어나는 일을 막아 사회적 비용을 최소화하는 기능도 있습니다.

이 책을 읽는 집사 분들만이라도 중성화수술에 대한 오해를 버리고 자신을 위해, 사회를 위해, 그리고 사랑하는 반려묘를 위해 중성화수술을 해 주시길 바랍니다(물론 출산 계획이 없다면 말이죠). 고양이 집사는 고양이를 책임지는 사람입니다. 그렇다면 고양이의 임신과 출산 역시 책임이 있다는 사실을 꼭 기억해야 할 것입니다.

내 고양이의 혈액형은 무엇일까?

태국 방콕에 학회 참석차 방문했다가 방콕의 동물병원 몇 곳을 탐방했던 적이 있습니다. 생각보다 뛰어난 시설과 다양한 케이스에 크게 놀랐습니다. 막연히 우리나라 수의학보다 한참 뒤처져있을 거라고 생각했는데 큰 오산이었습니다. 오히려 대학동물병원의 시설과 장비는 우리나라보다 훌륭했습니다. 아직 우리나라 동물병원에 없는 방사선 치료기나 동물 재활을 위한 수영장이 특히 인상적이었습니다. 또한 태국은 불교 국가여서 그런지 여기에는 윤회사상의 영향도 컸습니다. 즉, '나도 다음 생에 동물로 태어날 수 있다' 또는 '지금 저 개가 나의 조상님일 수도 있다'는 생각이 자리 잡고 있기 때문에 동물을 함부로 대하지 않는다는 것입니다. 또 국왕이 공식 석상에 개를 자주 데리고 나왔을 뿐만 아니라 가족사진

역시 함께 찍을 정도로 개를 사랑했던 것도 국민의 동물에 대한 인식이 높은 이유 중 하나입니다.

 태국의 동물병원에서 또 하나 인상적이었던 부분은 대학동물병원 안에 '동물헌혈센터'가 별도로 있다는 점입니다. 자신의 개와 고양이를 데리고 가서 헌혈을 하고 사료를 받거나 병원비 할인 혜택을 받는 보호자들이 꽤 있다는 사실에 크게 놀랐습니다. 유명 사료회사와의 협업을 통해 헌혈을 한 주인들에게 사료가 전달되는 시스템이었습니다. 우리나라의 경우 대학 동물병원 몇 곳에서 헌혈 프로그램을 운영했지만 성공하지 못했던 것을 보았을 때, 태국은 역시 동물에 대한 인식과 수준이 더 높은 것 같다는 생각이 들었습니다. 이처럼 장황하게 태국 이야기를 꺼낸 이유는 고양이의 혈액형과 수혈에 대한 이야기를 하고 싶어서입니다.

 고양이도 혈액형이 있다는 사실을 잘 모르는 분들이 많습니다. 반려동물도 치료를 위해 경우에 따라 수혈을 받는데, 이때 개와 고양이 모두 혈액형 검사(혹은 수혈 받은 혈액과의 매칭 검사)가 필요합니다. 재미있는 것은 개는 혈액형이 매우 다양한데 고양이는 단 3개라는 사실입니다.

> 2015년, 일부 동물보호단체와 언론이 개와 고양이의 혈액을 공급하는 민간 업체를 방문하여 공혈견 사육장의 위생 상태와 동물복지문제를 지적해 사회적으로 큰 논란이 된 적이 있습니다. 그 업

체는 국내에서 유일한 반려동물 혈액 생산·공급업체였습니다. 이 사건을 계기로 공혈견과 공혈묘의 존재, 그리고 동물의 수혈에 대해 처음 알게 된 사람들이 늘어났습니다.

➜ 더 알아두라냥 ❽

사람의 혈액형은 적혈구 표면 항원으로 구별합니다. 표면 항원으로 a항원과 b항원이 존재하기 때문에 A, B, AB, O형으로 혈액형이 나뉩니다. O형은 두 항원을 모두 갖지 않은 경우고, AB형은 두 항원을 모두 가진 경우입니다. 고양이와 개 모두 표면 항원으로 혈액형이 결정됩니다. 다만 개는 적혈구 표면에 더 많은 종류의 항원이 존재하기 때문에 혈액형이 13가지나 됩니다. 하지만 13가지가 모두 필요하지도 않을 뿐 아니라 판정이 불가능한 것도 많습니다. 따라서 보통 DEA1.1, DEA1.2, DEA3, DEA4, DEA5, DEA7 등 6가지 혈액형 정도만 구별합니다(여기서 DEA는 'Dog Erythrocyte Antigen'의 약자로 개 적혈구 항원을 뜻합니다). 그런데 재미있는 것은 6가지 혈액형 빈도의 합이 100%를 훨씬 넘어간다는 사실입니다. 이는 각각의 혈액형이 정확히 구분되는 것이 아니라 적혈구 표면의 항원만 파악한 것이므로 서로 겹칠 수 있기 때문입니다. 쉽게 말해, 2가지 이상의 혈액형을 가진 개도 있다는 뜻입니다. 따라서 사람처럼 '나는 A형이고, 너는 O형이다'라는 개념이 개에게는 불필요합니다.

반면, 고양이의 혈액형은 매우 간단합니다. A형, B형, AB형의 딱 3가지 혈액형만 존재합니다. 그리고 O형이 없다는 것이 큰 특징입니다. A형, B형, AB형이 존재하는 걸로 봐서 사람과 비슷하다는 걸 알 수 있습니다. 사람과 고양이 모두 적혈구 항원으로 a항원, b항원 2가지를 가지고 있습니다(사람의 a항원과 고양이의 a항원이 같은 항원이란 얘기는 아닙니다. a항원과 b항원은 서로 다른 2개의 항원을 구별하기 위해 임의대로 a, b 라는 알파벳을 붙인 것뿐입니다). 사람의 a항원과 b항원은 서로 우열관계가 없습니다. 그래서 a항원과 b항원을 모두 가진 사람의 혈액형이 AB형인 것입니다. 하지만 고양이의 a항원은 b항원보다 우성입니다. 그럼 이론상으로 고양이에게 AB형은 없어야 하지만 사실 AB형이 존재합니다. 고양이에게 AB형은 드물게 나타나며 현재 AB형이 나오는 정확한 이유는 밝혀지지 않았습니다. 세 번째 항원이 있을 수 있다는 이론이 그나마 신빙성이 있어 보입니다. 어쨌든 고양이에게 AB형이 존재하지만 a항원이 b항원보다 우성이라는 건 확실합니다. 따라서 고양이의 혈액형은 A형이 가장 많습니다.

※ 고양이 혈액형의 항원 구성
    aa → A형
    ab → A형
    bb → B형

그런데 재미있는 사실은 고양이의 혈액형이 품종과 사는 지역에 많은 영향을 받는다는 것입니다. 고양이 혈액형을 품종 별로 정리한 미국의 자료도 있습니다. 이 자료에 따르면 샴, 러시안블루, 버미즈, 통키니즈, 아메리칸숏헤어, 오리엔탈숏헤어는 100% 확률로 A형의 혈액형을 가지며, 노르웨이숲, 메인쿤, 맹크스 등은 10% 미만으로 B형을 가진다고 합니다(나머지는 A형). 아비시니안, 버먼, 히말라얀, 페르시안, 스핑크스, 소말리, 스코티시폴드, 재패니즈밥테일은 10~25%의 확률로 B형이 출현하며, 익조틱숏헤어, 코니스렉스, 브리티시숏헤어, 데본렉스, 터키시앙고라는 25~60%의 확률로 B형이 출현합니다.

자신의 고양이의 혈액형을 알고 있는 것은 매우 중요합니다. 대부분의 고양이가 A형이지만, B형 고양이의 경우 급하게 수혈을 받아야 할 때 B형 혈액을 구하지 못하면 고양이의 생명이 위험할 수도 있기 때문입니다. 동물병원에 갈 일이 있을 때 내 고양이의 혈액형이 무엇인지 한 번 검사해보는 것은 어떨까요? 참고로 루리의 혈액형은 흔한 A형입니다.

털털한 일상에
익숙해지기

앞서 루리가 지금까지 단 한 번도 집에서 목욕을 해 본 적이 없다는 것을 언급했습니다. 루리가 목욕을 하는 건 1년에 딱 두 번입니다. 설날과 추석이 아니라 봄철과 가을철을 맞아 미용을 할 때 목욕을 합니다(미용사 분들이 미용 후 씻겨주는 것이 루리의 유일한 목욕입니다). 코숏인 루리는 단모종이지만 그렇다고 털이 적게 빠진다고 생각한다면 큰 오산입니다. 장묘종 고양이에 비하면 덜한 편이지만 루리의 털은 집안 곳곳에서 발견됩니다.

검정색 옷을 입으려다 옷에 붙어있는 루리의 털에 놀라 롤링테이프를 찾는 일은 그야말로 일상입니다. 무사히 옷을 입고 나와서도 운전을 하면서, 혹은 지하철이나 버스에서 계속 손으로 털을 떼

원래 어떤 색이었는지 모를 모자

모든 바지의 털바지화

어내는 것도 집사들에게는 삶의 일부입니다. 집안 구석에서 털 뭉치를 발견하거나 집에 놀러온 친구가 돌아갈 때 롤링테이프를 건네는 것도 익숙한 일입니다.

고양이를 키우고 싶은데 털이 너무 많이 빠져서 키우기가 겁난다는 분들이 있습니다. 하지만 고양이의 털 빠짐도 조금만 신경 쓰면 충분히 관리할 수 있습니다.

고양이에게 털 빠짐은 정상적인 생리 현상입니다. 약하고 죽은 털을 지속적으로 솎아줘야 새롭고 건강한 털이 자라나올 수 있습니다. 고양이가 그루밍을 하는 이유 중의 하나도 바로 오래된 털을 제거하기 위해서입니다. 매일매일 털이 많이 빠지지만 1년에 2번은 비교할 수 없을 정도로 털이 엄청 많이 빠집니다. 추운 겨울이 지나고 날씨가 따뜻해지는 봄과, 더운 여름이 지나고 날씨가 선선해지는 가을에 큰 털갈이를 합니다. 이때가 되면 고양이 털과의 전쟁이 한층 더 심해지지만, 고양이에게 털 빠짐은 자연스러운 생리 현상임을 이해하고 너그러운 마음으로 무한 빗질과 무한 청소를 시작하시길 바랍니다.

고양이 털과의 전쟁에서 조금이라도 도움이 될 수 있는 팁을 소개하면 다음과 같습니다.

❶ 빗질 해 주기

고양이 털 빠짐을 줄이는 가장 좋은 방법은 역시 빗질입니다. 빠져야 할 털을 미리 빗질을 통해 제거해 주는 것입니다. 빠질 털은 이미 약해져 있어서 빗질을 통해 쉽게 제거됩니다.

빗질의 횟수는 매일 2번에서 일주일에 1번까지 다양하게 적용할 수 있는데, 저는 루리가 본격적으로 털갈이를 시작하면 하루에도 여러 번씩(미용을 받기 전까지) 빗질을 해 줍니다. 빗질을 할 때마다 어쩜 그렇게 많은 속털이 빠지는지 신기할 따름입니다.

또한 어릴 때부터 빗질하는 습관을 잘 들이면 고양이가 빗질 받는 것을 즐기게 될 수도 있습니다. 빗질을 받는 동안 골골송을 부르며 주인과의 교감을 즐기는 고양이들이 꽤 많습니다.

❷ 영양공급

좋은 사료를 공급하는 것도 중요합니다. 좋은 사료, 양질의 사료를 공급하면 털도 윤기 있어지고 털 빠짐도 줄어드는 경향이 있습니다. 좋은 사료에 대해 묻는 분들이 많은데, '싼 게 비지떡'이라는 말씀을 드리고 싶습니다. 다른 것은 몰라도 먹는 사료만큼은 좋은 것을 선택해야 되겠죠.

❸ 진공청소기

이미 빠진 털은 청소기로 잘 청소해줘야 합니다. 귀찮더라도 집 안에 털이 둥둥 떠다니거나 털이 계속 바닥에 쌓이는 것을 방지하려면 진공청소기를 정기적으로 돌려야 합니다.

❹ 롤러

옷이나 소파, 침대 등에 붙은 털은 롤러로 제거하면 됩니다. 사실 루리 때문에 사용하는 롤러와 롤링테이프 비용이 꽤 됩니다.

❺ 고무장갑

고무장갑을 끼고 털을 모아보면 의외로 털이 잘 모일 뿐만 아니라 고무장갑에 잘 들러붙는 걸 알 수 있습니다. 바닥 또는 청소기가 들어가지 않는 구석진 곳에 떨어진 털을 청소할 때 고무장갑을 이용해보는 것도 좋은 방법입니다.

❻ 드라이어

옷에 털이 붙는 경우가 많은데, 젖은 옷일수록 털이 더 잘 붙고 엉켜서 잘 떨어지지 않습니다. 이때 드라이어로 옷을 건조시키면 털을 더 잘 분리할 수 있습니다. 건조대나 건조기를 이용해서 옷을 말리는 것도 방법입니다. 이불이나 카펫도 마찬가지로 건조된 상태에서 털을 떼면 쉽게 제거할 수 있습니다.

❼ 기타 제품

최근에는 반려동물의 털을 제거하는 좋은 제품들이 많이 출시되어 있습니다. 제품마다 다양한 특징이 있으므로 자신에게 맞는 제품을 구입하여 활용하면 됩니다.

❽ 미용

아무리 빗질을 해 주고 청소를 해도 도저히 감당이 안 될 때는 최후의 방법인 미용을 시키는 수밖에 없습니다. 정기적으로 미용을 받는 루리는 미용을 하고 오면 숨겨져 있던 뱃살이 보이고 다소 볼품이 없어지긴 하지만요.

많은 얘기를 했지만 결국 털과의 전쟁은 '무한빗질＋무한청소＋미용' 밖에 답이 없는 것 같습니다.

집 나가는 동거묘 단속하기

루리를 키우면서 가장 크게 놀랐을 때는 루리가 집을 나갔을 때입니다. 어머니가 외출하기 위해 잠시 문을 연 틈에 루리가 밖으로 나갔는데, 아무도 그때 루리가 밖에 나간 걸 알지 못했습니다. 다른 고양이들도 그렇겠지만 루리도 워낙 집안 구석구석에 잘 숨기 때문에 눈에 보이지 않아도 '어딘가에서 자고 있으려니' 하고 생각할 때가 많기 때문입니다. 그날 역시 루리가 보이지 않았지만 대수롭지 않게 생각했습니다. 그런데 몇 시간이 지나도 루리의 모습이 보이지 않자 자동급식기를 툭툭 쳤는데도 루리가 나타나질 않는 것이었습니다(예전의 루리는 자동급식 시간이 되면 알아서 뛰어왔기에 자동급식기를 툭툭 쳐서 사료 소리를 내면 자고 있다가도 얼른 급식기 앞으로 달려 나오곤 했습니다).

그렇게 루리도 잃어버렸다고 낙담하고 있을 때(어릴 때 딸기를 잃어버린 것처럼) 너무나 다행스럽게 루리를 찾을 수 있었습니다. 루리를 발견한 곳은 다름 아닌 바로 앞집이었습니다. 밖에서 헤매던 루리가 앞집의 우유구멍을 열고 집안으로 들어간 것입니다. 아마 그때의 악몽 같은 기억 때문에 루리가 집 밖에 별다른 호기심을 보이지 않는 것 같기도 합니다.

> 집에서 기르는 고양이 중에도 정기적으로 밖에 나갔다가 돌아오는 고양이가 꽤 있습니다. 또 개처럼 주인과 함께 산책을 즐기는 고양이도 있습니다. 그런데 이런 산책냥이를 키우는 분들 중에 고양이가 집을 나갔다며 어떻게 찾아야 하는지 묻는 분들이 있습니다. 고양이를 잃어버렸을 때는 절대 당황하지 말고 우선 집 주변부터 샅샅이 찾아보아야 합니다.

그렇다면 고양이가 집을 나가지 않게 하려면, 또 만약 집을 나갔을 때 어떤 방법으로 찾아야 할까요? 일단 고양이가 집을 나가는 일이 없도록 평상시에 대문과 창문을 잘 닫아둬야 합니다. 문단속을 제대로 해야 한다는 것입니다. 방범창을 설치하는 경우도 있지만 유연한 고양이는 좁은 방범창 틈으로 밖으로 나가기도 하니 주의가 필요합니다.

그리고 고양이가 집을 나갔다면 일단 집 근처를 샅샅이 찾아보는 게 좋습니다. 고양이는 의외로 겁이 많아서 두려움을 느끼면 어둡고 좁은 곳에 숨으려는 경향이 있기 때문에, 집 주변 구석진 곳에 몸을 웅크리고 주인이 자신을 찾아주기만을 기다리고 있을 확률이 높습니다. 따라서 고양이의 이름을 부르면서 집 주변을 탐색하는 것이 중요합니다. 이때 좋아하는 사료나 간식을 활용하면 도움이 됩니다.

전단지를 붙이는 경우도 있는데, 사전 허락을 받아야 전단지를 붙일 수 있는 곳이 많으니 먼저 허가가 필요한 곳인지 알아보아야 합니다. 또한 전단지는 고양이의 특징을 잘 알 수 있는 사진을 가능한 크게 넣어 알기 쉽고 눈에 잘 띄도록 제작해야 합니다. 최근에는 고양이 커뮤니티나 SNS에서 잃어버린 고양이에 대한 특징을 공유하여 찾는 사례도 늘고 있으니 인터넷을 활용하는 방법도 놓치지 마시길 바라며, 잃어버린 고양이를 찾아주는 '캣탐정'이라는 직업도 등장했으니 최후의 수단으로 고려해보셔도 좋을 듯합니다.

1. 내비게이션과 지팡이 역할을 하는 고양이 수염

고양이하면 고양이 수염(Cat Whisker, Vibrissae)이 대표적으로 떠오르곤 합니다. 고양이를 만화로 그릴 때도 수염은 빠뜨리지 않고 그릴 만큼 고양이를 대표하는 부위입니다. 고양이 수염은 다른 털에 비해 약 2.5배 두꺼울 뿐만 아니라 3배 정도 깊이 박혀있는 특수한 털로 고양이에게 굉장히 중요한 역할을 합니다. 또한 신경계와 밀접하게 연결되어 있어 다른 털들에 비해 예민하고, 감각전달 기능이 아주 뛰어납니다. 일반적으로 고양이 수염은 코 양 옆에 12개씩 총 24개가 있으며, 24개보다 적거나 많은 수의 수염을 가지는 경우도 있습니다. 또 코 주변 외에도 턱 밑이나 눈 위, 앞 발목 뒤쪽에도 고양이 수염처럼 두꺼운 털들이 나있는데, 이들을 코 옆의 고양이 수염(whisker)과는 다른 feeler(더듬이 같은 역할)로 보는 견해가 많습니다. 고양이 수염은 크게 ❶ 주변 환경에 대한 정보 제공, ❷ 먹이 파악, ❸ 감정 표현 수단 등 3가지 역할을 합니다.

❶ **주변 환경에 대한 정보 제공** 고양이 수염은 미세한 공기 흐름과 기압변화를 감지할 수 있어 사물의 크기, 거리, 모양을 파악하게 해 주는데, 특히 어두운 곳에서 그 역할이 더 중요합니다. 수염이 없어진 고양이는 어둠 속에서 벽이나 물건에 부딪힐 수도 있습니다. 또한 수염의 길이가 고양이의 몸 사이즈와 비슷하기 때문에 구멍에 자신의 몸이 들어갈 수 있을지에 대한 여부를 파악하는 도구로 사용하기도 합니다.

❷ **먹이 파악** 고양이 수염은 먹이를 파악하는 데에도 사용됩니다. 고양이는 사냥감의 정확한 모양과 신체 신호를 수염을 통해 파악합니다. 실제로 수염이 없는 고양이가 쥐를 사냥하면 엉뚱한 곳을 물어서 쥐를 죽이지 못하는 경우가 생기기도 합니다.

❸ **감정 표현 수단** 고양이 수염을 잘 보면 고양이가 현재 어떤 감정을 느끼는지 파악할 수 있습니다. 고양이가 사냥을 하거나 특정 사물에 호기심을 가지고 조사하고자 할 때는 수염의 방향이 앞쪽이 되고, 뭔가가 무섭거나 두려워 방어적인 자세를 취할 때는 수염의 방향이 뒤쪽이 됩니다. 그리고 수염이 별다른 긴장 없이 편안한 상태로 아래로 향해 있다면 만족스럽고 행복한 상태라는 뜻입니다.

고양이 수염도 일반적인 털처럼 빠지고 새로 나옵니다. 따라서 수염이 빠지더라도 너무 걱정할 필요는 없습니다. 새로운 수염이 나기 위해서 기존의 수염이 빠지는 경우도 많습니다. 가끔 수염이 타거나 잘리는 경우가 있는데(루리가 가스레인지에 태워먹은 것처럼) 시간이 지나면 그 수염이 빠지고 새로운 수염이 나기도 합니다.

그리고 고양이 품종 중에 데본렉스와 스핑크스의 수염은 다른 고양이들과는 달리 특수한 모양입니다. 데본렉스는 짧고 꼬여있는 수염을 가지고 있고, 스핑크스는 수염이 없거나 있더라도 짧고 말린 수염이 적게 나있는 경우가 많습니다.

2. 고양이가 평소에 발톱을 숨기는 원리

치타를 제외한 모든 고양잇과 동물은 발톱을 평상시에 숨길 수 있습니다. 이는 고양잇과 동물이 다른 동물과는 다른 특이한 근육, 피부 덮개, 인대, 힘줄구조를 가지고 있기 때문입니다.

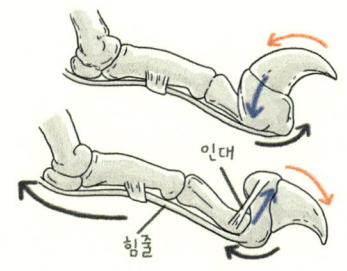

위 그림은 고양이의 발톱 구조를 그린 그림입니다. 파란색이 인대의 움직임, 검은색이 힘줄의 움직임, 그리고 빨간색이 우리가 보는 발톱

의 모습입니다. 위쪽이 발톱을 숨겼을 때고 아래쪽이 발톱이 밖으로 나왔을 때의 모습인데, 파란색으로 표시한 인대와 검은색으로 표시한 힘줄이 주요역할을 담당하여 발톱이 들어갔다 나왔다하게 됩니다. 위쪽처럼 발톱을 숨길 때는 힘줄이 늘어나고 인대는 수축하여 발톱을 안쪽으로 잡아당깁니다. 마치 폴더처럼 접힌다고 생각하면 쉽게 이해할 수 있습니다. 반대로 발톱이 밖으로 나올 때는 인대가 늘어나고 힘줄은 수축하여 아래 부분을 안쪽으로 잡아당깁니다. 힘줄이 발톱 뼈 아래쪽에 붙어 있기 때문에 힘줄이 안쪽으로 수축하면서 위쪽에 있는 발톱이 밖으로 꺼내지는 것입니다. 동시에 인대는 늘어나게 됩니다.

고양이에게 발톱은 균형 잡기, 걷기, 사냥, 오르기, 자기 방어, 스크래치 등에 사용되기 때문에 정말 중요한 부분입니다. 고양이가 발톱을 평상시에 숨겨두는 것은 이처럼 중요한 발톱이 닳거나 손상되는 걸 예방하기 위함입니다.

3 고양이 발톱을 자를 때 유의하세요

고양이 발톱깎이는 쉽게 구입할 수 있습니다. 그런데 문제는 많은 집사들이 고양이의 발톱을 잘 자르지 못한다는 점입니다. 고양이의 발톱을 자를 때는 우선 '피가 나지 않도록 정확하게 자르는 것'이 중요합니다. 강아지의 발톱은 투명한 발톱도 있지만 까맣게 생겨 불투명한 발톱도 많아 발톱을 깎다가 혈관까지 잘라 피가 나는 경우가 많습니다. 그런데 고양이의 발톱은 거의 언제나 투명하기 때문에 혈관 확인이 개보다 쉽습니다. 하지만 중요한 건 고양이의 앞발톱과 뒷발톱의 형태가 조금 다르다는 점입니다. 앞발톱이 뒷발톱보다 훨씬 더 굽어있습니다. 고양이의 뒷발톱은 앞발톱보다 상대적으로 더 직선에 가깝습니다.

발톱 안에는 혈관과 신경다발이 존재하는데, 발톱 끝까지 존재하는 게 아니라 흔히 분홍색으로 보이는 부분까지 존재합니다. 고양이 발톱은 투명해서 이 분홍색 혈관과 신경다발이 잘 보이기 때문에 이 부분을 제외하고 발톱을 자르면 됩니다. 즉, 아치가 꺾이는 부분까지 혈관이 있다고 추정하면 됩니다. 발톱을 아치 또는 반원으로 생각했을 때 올라가다가 내려가는 부분이 바로 꺾이는 부분입니다. 이렇게 혈관 부분을 눈으로 확인하거나 추정하여 그 부분이 포함되지 않도록 조심히 발톱을 잘라주면 됩니다.

혹, 발톱을 자르다가 피가 났을 때는 절대 당황하지 말고(주인이 당황하면 고양이도 흥분합니다), 거즈나 물수건 등으로 그 부분을 30초 정도 꽉 눌러주는 게 좋습니다. 또 시중에 파는 파우더형 지혈제를 발라주는 것도 한 가지 방법이 됩니다.

4 발톱 자르는 걸 좋아하게 만드는 법

대부분의 고양이가 발톱 자르는 걸 싫어하고 피합니다. 이유는 간단합니다. 발톱을 자르는 과정이 별로 좋지 않은 기억으로 남아있기 때문입니다. 대부분의 집사들이 처음 발톱을 자를 때 고양이를 움직이지 못하게 꽉 잡고 자릅니다. 수건으로 고양이의 몸을 돌돌 말아 한쪽 발

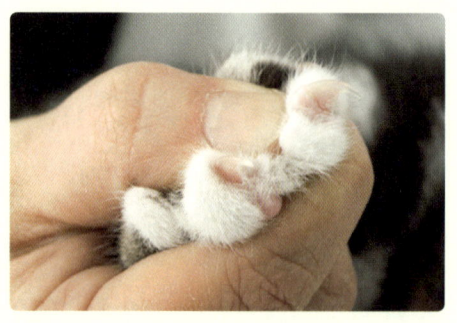

만 수건 밖으로 빼내어 자르는 경우도 많습니다. 이때 고양이는 큰소리를 내면서 반항하지만 이미 '발톱을 잘라야만 해'라는 미션이 머리에 입력된 집사들은 더욱 고양이를 움직이지 못하게 하고 발톱을 자릅니다. 하지만 이렇게 발톱을 자르면 고양이 입장에서는 당연히 발톱 자르는 걸 싫어하게 되니 당연히 발톱을 자를 때마다 전쟁을 치르게 될 수밖에 없습니다.

따라서 어릴 때부터 발톱 자르는 걸 좋아하게 만드는 적응 교육이 필요합니다. 우선 꼭 발톱을 자를 때가 아니어도 평상시에 틈틈이 고양이의 발을 살살 만져주면 좋습니다. 그리고 동시에 좋아하는 간식을 주거나 얼굴 주변을 살살 만져줘서 고양이의 기분을 좋게 만들어줍니다. 즉, 주인이 발을 만지는 행동을 고양이가 좋아하게 만드는 것입니다. 어느 정도 이 단계가 성공했으면 다음으로는 발을 눌러 발톱을 밖으로 빼는 과정을 여러 번 반복합니다. 역시 좋아하는 간식을 주거나 고양이를 쓰다듬으면서 발톱을 밖으로 빼는 행동을 기분 좋은 행동으로 인식하게 합니다. 다음 단계는 발톱깎이를 발에 직접 대는 과정입니다. 발톱깎이를 살짝 발에 대었다가 떼기를 반복하면서 이 행동이 기분 좋은 행동이라는 것을 인식시키고, 그 다음에는 발톱깎이의 입을 벌려 발톱 사이에 끼웠다가 떼기를 반복합니다. 즉, 발톱 깎는 과정을 세분화하여 각 단계를 하나씩 조심스럽게 적용하면서 그 행위를 좋아하게 만드는 것입니다. 그 뒤 발톱 한 개를 실제로 자르고 다시 칭찬 및 간식을 줍니다. 이렇게 단계적으로 발톱 깎는 과정을 적용하면 나중에는 고양이가 발톱 자르는 것을 좋아하게 됩니다. 고양이가 발톱 자르는 것을 좋아하게 된 뒤에도 '미션을 클리어하듯' 발톱을 자르지 말고, 고양이와 10분 이상 충분히 교감하면서 전체 발톱을 잘라주면 좋습니다. 발톱 자르는 시간을 주인과 고양이가 교감하는 시간으로 만들면 고양이의 스트레스도 줄고, 주인과의 관계도 발전할 것입니다.

5 골골송의 원리와 치유효과

고양이가 기분 좋을 때(혹은 매우 심하게 아플 때) 골골대는 소리를 내곤 합니다. 도대체 고양이는 어떻게 그런 소리를 낼 수 있는 것일까요? 사실 고양이가 어떻게 골골거리는 지에 대해 아직 정확하게 밝혀진 기전은 없습니다. 다만 후두근육에 의해 이런 소리가 난다고 추정할 뿐입니다. 고양이의 기분이 좋아지면 후두덮개를 열고 닫는 후두 근육들에 영향을 주고, 이 후두 근육들이 움직이며 후두덮개와 성대가 진동을 하여 골골 소리를 낸다는 것입니다. 사람의 심장도 자신의 의지와 상관없이 계속해서 진동을 하는데, 이런 진동을 일으키는 진동자가 성대 주변에 있을 거라고 주장하는 사람도 있습니다. 어떤 기전이 맞는지를 떠나서 골골 소리는 성대의 떨림에 의해 나는 소리이기 때문에 성대수술을 받은 고양이는 이 소리를 낼 수 없습니다. 성대수술을 받은 고양이는 자신의 고유한 목소리도 못 낼 뿐더러 행복감을 표현할 수도 없게 되는 것입니다.

골골송은 보통 25~150Hz의 주파수를 보이는데, 이 소리가 고양이는 물론 사람에게도 치유 효과를 보인다고 합니다. 실제로 고혈압 환자들이 고양이의 골골 소리를 듣고 혈압이 내려간 경우도 있었는데, 고양이가 환자의 무릎에 올라앉아 골골 소리를 냈을 때 그 효과가 더 좋았다고 합니다. 또 최근에는 골골 소리가 골밀도를 높이는 효과도 있다고 밝혀졌습니다. 마치 사람의 골절 치료에 초음파가 이용되기도 하는 것처럼 골골 소리가 부러진 뼈의 치유를 도울 수도 있다는 것입니다. 고양이는 아마 골골 소리의 이런 치유능력을 본능적으로 알고 있기 때문에 매우 심하게 아플 때도 골골 소리를 내는 건 아닐까요?

6 하부요로계 질환 관리, '스트레스↓ 물 섭취↑'

루리처럼 하부요로계 질환으로 고통 받는 고양이가 꽤 많습니다. 하부요로계 질환은 전체 고양이의 0.5%정도에서 발생하고, 동물병원을 찾는 고양이 중 4~10%에서 발견될 정도로 가장 많은 비뇨기계 질환입니다. 결석, 해부학적 이상, 행동학적 문제, 종양, 세균 감염 등이 원인이 될 수 있지만 아직까지 정확한 원인이 밝혀져 있지 않습니다. 하부요로계 질환에 걸린 고양이는 첫 번째로 배뇨장애에 시달려 소변을 보려고 하지만 잘 보지 못하고 자꾸만 소변을 보려고 시도하는 증상을 보입니다. 두 번째로는 통증배뇨입니다. 소변을 볼 때 통증을 느껴 소리를 지르거나 비정상적인 자세를 취합니다. 세 번째로 오줌에 피가 섞여 나오는 혈뇨를 누거나, 네 번째로 소변에 작은 결정이나 결석 부산물들이 섞여 나오는 결정뇨를 누기도 합니다. 다섯 번째로 통증 때문에 소변을 보려고 할 때 울 수 있으며, 여섯 번째로 고양이는 통증에 예민하기 때문에 침대 밑이나 어두운 곳으로 자꾸 숨으려고 할 수 있습니다. 일곱 번째로 생식기 부분을 자꾸 핥거나, 여덟 번째로 자꾸 불안해하고 안절부절 못하며 리터박스에 대한 공포가 생겨 리터박스를 잘 이용하지 않고 다른 곳에 소변을 보기도 합니다. 아홉 번째로 통증 때문에 공격성이 증가하여 주인을 공격하는 증상도 보일 수 있습니다.

따라서 이런 증상 중 한 가지 이상의 증상을 나타내면 가까운 동물병원에 가보는 것이 좋습니다. 오랫동안 배뇨를 하지 못하면 요독증까지 생길 수 있는데 이 경우 식욕부진, 구토, 탈수, 저체온증, 혼수상태, 심하면 사망까지 이를 수도 있습니다. 그렇다면 하부요로계 질환을 가진 고양이의 집사라면 어떻게 해야 할까요? 우선 처방사료를 먹이거나, 수액을 공급하거나, 약물을 사용하거나, 수술을 하는 등의 결정은 수의사가 할 것이기 때문에 보호자가 해야 할 일은 '스트레스를 줄이고 물을 많이 마시게 하는 것'입니다.

스트레스는 고양이의 하부요로계 질환을 더 가중시키기 때문입니다. 집에 다른 고양이가 있다면 혹시 서로 싸우지는 않는지, 리터박스가 부족하지는 않은지(리터박스는 최소 '고양이 수+1개'를 마련해야 고양이끼리 싸우지 않고 스트레스를 받지 않습니다), 혹은 리터박스 청소가 안 되어 있는 것은 아닌지, 최근 고양이를 스트레스 받게 할 만한 일은 없었는지 체크해 보는 것이 필요합니다. 또 자주 놀아줘서 고양이와의 유대감을 높이고 스트레스를 해소시켜주는 것도 좋습니다.

가장 중요한 것은 물을 많이 마시게 하는 것인데, 고양이가 사람처럼 '내가 비뇨기계 질환이 있으니 물을 많이 마셔야 겠다'라며 스스로 물을 마시지 않기 때문에 보호자의 역할이 중요합니다. 첫 번째로 건사료보다는 수분이 많은 캔사료를 주는 것이 수분섭취를 늘리는 한 가지 방법입니다. 물론 사료를 물에 불려 주는 것도 수분섭취를 늘릴 수 있습니다. 두 번째로 고양이는 차갑고 흐르는 물을 좋아하는 경향이 있기 때문에 시원한 물을 깨끗한 그릇에 자주 제공해주면 물 섭취를 늘리는 데 도움이 됩니다. 세 번째로 물그릇을 여러 곳에 새롭게 만들어주고 물을 자주 갈아줍니다. 고양이 정수기를 이용하는 것도 도움이 될 수 있습니다.

7 고양이는 생리를 하지 않는 걸까요?

고양이는 교미배란 동물입니다. 교미배란이란 교미행동 자체가 자극이 되어 난자가 배란되는 걸 뜻합니다. 즉, 다른 동물들은 일반적으로 교미여부에 상관없이 일정 시간 간격으로 난자가 배란되는데 비해 고양이는 그렇지 않다는 것입니다. 사람의 경우 28일에 한 번, 강아지의 경우 평균 6개월에 한 번 배란이 일어납니다(물론 사람과 강아지의 생리 기전은 다릅니다). 그런데 고양이는 이와 달리 발정이 왔다고 해서 무조건 배란이 이루어지는 것이 아니라, 수컷과 교미를 해야만 난자가 배란됩니다.

따라서 일정 간격으로 난자가 자연 배란하고, 수정/착상이 되지 않으면 생리를 하는 일반적인 동물과 다르게 고양이는 '무혈생리'를 합니다. 무혈생리란 피가 나오는 일반적인 생리와 달리 맑은 성분의 액체가 조금 나오거나 거의 나오지 않는 것을 뜻합니다. 고양이의 발정은 여러 가지 발정 행동을 보고 쉽게 알아챌 수 있지만, 이 무혈생리는 양이 적고 맑은데다가 고양이 스스로 핥아버리는 경우가 대부분이기 때문에 발견하지 못하는 경우가 많습니다. 그래서 흔히 '고양이는 생리를 안 한다'고 알려져 있지만 정확히 얘기하면 생리를 안 하는 것이 아니라 피를 보이지 않는 무혈생리를 하는 것입니다.

다만, 간혹 아무런 이상 없이 유혈 생리를 하는 고양이도 드물게 있으니 주의가 필요합니다. 따라서 고양이의 생식기에서 피가 나면 정상적인 생리인지 아니면 다른 문제가 있는지 병원에 가서 진료를 받아보는 것이 좋습니다.

8 동물혈액은행 사태와 공혈견/공혈묘 문제

2015년 10월, 반려동물 치료용 혈액 공급을 전담하다시피 하고 있는 한 사설업체가 논란의 중심에 섰습니다. 일부 동물보호단체와 언론에서 공혈견 사육장의 위생 상태와 동물복지문제를 지적하고 나섰기 때문입니다. 이 사건은 공혈견/공혈묘의 존재를 전국에 알리며 크게 화제가 되었습니다. 동물혈액을 생산해서 판매하는 곳은 현재 이 업체밖에 없습니다. 나머지 혈액은 병원 자체에 있는 공혈견/공혈묘가 담당합니다. 하지만 일정 규모 이상의 동물병원이 아닌 경우 별도로 공혈견/공혈묘를 두는 것은 현실적으로 불가능하기 때문에, 사실상 이 업체가 전국의 동물병원에 개와 고양이의 혈액을 공급하고 있다고 해도 과언이 아닙니다.

이 업체는 공혈견의 활동 연령을 정해놓고(1~8연령) 퇴역한 공혈견을 계속 사육하며 정기적인 건강검진, 전염병 예방, 기생충 구충, 채혈

횟수 제한 등 나름대로의 '혈액의 안전성과 동물들의 복지'에 대한 기준을 세우고 운영됐지만, 동물보호단체와 일반 시민들의 기준에 턱없이 미치지 못해 큰 비난을 받았습니다. 다른 한편에서는 그런 요구사항을 다 맞추면서 혈액을 생산하면 공급되는 혈액의 단가가 올라가고, 그렇게 되면 일선 동물병원에서의 수혈 비용이 상승하게 되어 그 피해는 결국 동물 주인들에게 가게 될 것이라는 우려의 목소리도 있었습니다. 동물복지를 잘 챙기지 못하더라도 싼 가격에 혈액을 공급하여 수혈이 필요한 많은 동물을 저렴한 가격에 살리는 것이 더 옳은 것인지, 아니면 혈액 공급 단가가 상승하더라도 다른 동물들을 위해 자신의 피를 내어주는 불쌍한 공혈동물들을 위해 최대한 복지를 신경 써야 하는 것이 옳은 것인지 논란이 있습니다. 하지만 중요한 것은 이렇게 공혈견/공혈묘의 존재와 동물 수혈이 세상에 알려진 만큼, 이제는 제대로 된 대책과 시스템을 마련해야 한다는 것입니다. 대학병원과 사료회사가 연계된 헌혈프로그램을 만들어 보호자들에게 많은 혜택을 주는 것과 동시에, 보호자들에게 '헌혈의 필요성과 중요성'을 강조하는 홍보 캠페인이 동시에 진행되는 것이 필요합니다. 또, 사람의 헌혈과 혈액공급을 담당하는 적십자처럼 동물에 대한 헌혈과 혈액공급을 담당하는 별도의 단체/기관이 필요하다는 생각도 듭니다.

9 고양이 수혈에 대해

고양이의 혈액형을 알아 두는 것은 개의 경우보다 훨씬 중요합니다.

개는 혈액형이 다르더라도 한 번의 수혈은 문제를 일으키지 않습니다. 그래서 급할 경우 아무 개의 혈액을 수혈할 수 있습니다(태어나서 수혈을 받아본 적이 없다면).

하지만 고양이는 첫 번째 수혈이라 할지라도 반드시 혈액 매칭을 한 뒤 수혈을 실시해야 합니다. A형 고양이가 대부분인데, 만약 B형 고양이가 A형 혈액을 수혈 받으면 급성용혈반응을 일으킵니다. 특히 수혈 받는 고양이의 혈장과 혈액을 공급하는 고양이의 적혈구가 응집반응을 일으키면 안 됩니다.

고양이의 혈액형 검사는 수혈 전에만 필요한 것이 아닙니다. 교배와 출산 계획을 가졌을 때도 중요합니다. 왜냐하면 B형의 어미 고양이가 A형의 고양이를 임신하면 신생고양이 적혈구용혈증(neonatal isoerythrolysis)을 일으켜 사망에 이를 수 있기 때문입니다. 이 질병은 B형인 어미 고양이의 초유에 있는 혈액 항체가 새끼 고양이의 적혈구를 공격하여 생기는 질병입니다. 물론 출산 직후 24시간 동안 어미의 초유를 먹이지 않고 인공 포유를 하여 새끼를 살리기 위해 노력해볼 수는 있습니다 하지만 애초에 어미 고양이가 B형이라면 아빠 고양이도 B형을 찾아 교배하여 질병 발생 자체를 방지하는 것이 중요하다고 볼 수 있습니다. 그만큼 고양이의 혈액형을 알고 있는 것은 중요합니다.

위에서 언급한 동물혈액공급업체의 동물복지 논란이 생긴 이후, 헌혈 프로그램을 운영하는 동물병원이 늘어났습니다. 고양이의 세 가지 혈액형(A, B, AB) 중 87% 이상이 A형이기 때문에 B형 혈액형을 구하기가 어려워 생명을 잃는 고양이가 종종 발생하기 때문에 고양이 헌혈 프로그램은 꼭 필요합니다. 한 고양이 전문 동물병원은 '나이가 어리고 건강하며 체중 및 기타 신체 조건을 충족하고 예방접종과 구충이 정기적으로 되어 있는 B형 고양이'를 미리 선별하여 급하게 B형 혈액이 필요할 때 혈액을 공급받는 프로그램을 운영하고 있습니다. 헌혈을 하는 가족의 고양이에게는 혈액형 검사, 심화혈액 검사, 신체검사 등 건강검진을 해 주기 때문에, 헌혈묘 보호자에게는 다른 생명을 살리는 동시에 자신의 반려묘의 건강 상태를 확인해보는 기회가 됩니다. B형 혈액형 고양이 보호자라면 고양이 헌혈에 대해서도 관심을 가져보면 좋겠습니다.

Chapter_05

고양이에 대한 오해를 풀고,
반려의 이해를 키워가는 것

반려묘와 집사,
우리가 함께 살아간다는 것.

고양이는
잘 안 아프던데요?

점점 더 많은 사람들이 고양이와 함께 살고 있습니다. 폭발적으로 늘어나는 반려묘의 숫자를 보면 우리나라도 언젠가는 미국이나 일본처럼 반려견보다 반려묘의 수가 더 많아지는 순간이 올 것 같습니다. 하지만 이처럼 고양이가 늘어나고 있는 상황임에도 아직까지 고양이에 대한 잘못된 오해가 너무나 많아 안타깝습니다. 이번 챕터에서는 우리가 흔히 알고 있는 고양이에 대한 잘못된 오해들을 풀어보고, 반려묘로서의 고양이를 위한 사람들의 배려와 이해방법에 대해 살펴보려 합니다.

고양이에 대한 여러 가지 오해 중 하나가 고양이는 잘 아프지 않는다는 것입니다. 루리는 현재 하부요로계 질병으로 관리를 받는 중이지만, 이 병을 진단 받기 전까지는 병원에 갈 일이 거의 없었습니다. 중성화수술과 예방접종 이외에는 아파서 동물병원에 가본 적이 없을 정도였죠. 오죽하면 아버지께서 "루리가 아프질 않는데 수의사들은 돈을 어떻게 버는 거니?"라고 제게 물어보곤 하셨습니다. 지금도 루리는 하부요로계 질병 이외에는 아픈 곳이 없지만, 그렇다고 모든 고양이가 잘 아프지 않는다고 생각하면 큰 오산입니다. 루리도 이제 막 10세에 접어들었기 때문에 앞으로 어떤 질병이 올지 알 수 없습니다. 고양이는 노령묘로 갈수록 생길 수 있는 질환이 많습니다. 특히 우리나라는 고양이 사육 수가 급격하게 늘어난 지 몇 년 밖에 되지 않았습니다. 그 말은 아직 노령묘가 많이 없다는 뜻이며, 동시에 앞으로 노령묘가 많이 늘어날 수 있다는 뜻입니다.

고양이는 통증을 잘 감추는 경향이 있습니다. 고양이가 아파하면 진짜 아픈 것이라는 말도 있을 정도니까요. 하지만 고양이가 통증을 잘 견딘다고 하더라도 다른 동물에 비해 발병하는 질병이 적은 것은 아닙니다. 그렇기 때문에 오히려 고양이는 어떠한 반려동물보다 정기적인 건강검진이 필요한 동물입니다. ➜ 더 알아두라냥 ❶

고양이 집사는
사회성이 떨어진다구요?

흔히 개나 고양이를 기르는 사람들 또는 개를 좋아하는 사람들과 고양이를 좋아하는 사람들을 서로 구분하여 '개파'와 '고양이파'로 부르는 경우가 많습니다. 우리 집의 경우 제가 어릴 때부터 요크셔, 진돗개, 페키니즈, 발바리 등 여러 마리의 개를 길러왔고 지금은 루리를 기르고 있습니다. 그리고 현재 부모님은 고양이파가 되어버렸죠. 특히 어머니는 완벽히 고양이파가 되었습니다. 여기서 말하는 고양이파는 고양이 기르는 것을 더 선호한다는 의미일 뿐, 다른 뜻은 없습니다. 특히 '개를 싫어한다'는 뜻은 절대로 아닙니다.

그런데 최근 고양이를 기르는 사람이 개를 기르는 사람보다 더 외롭다는 해외 언론 보도를 접했습니다. 이 보도에 따르면 페이스북 사용자 16만 명을 분석한 결과, 고양이와 함께 찍은 사진을 프로필로 설정한 사용자 중 30%가 애인이 없는 것으로 추정됐지만, 강아지와 함께 찍은 사진을 프로필로 설정한 사용자 중 애인이 없는 것으로 추정된 사람은 24%였다고 합니다. 즉, 고양이를 기르는 사람이 솔로일 확률이 개를 기르는 사람보다 높다는 것입니다.

또한 개를 기르는 페이스북 사용자들이 고양이를 키우는 사용자보다 평균 26명 정도 친구가 더 많았으며, 개를 기르는 사람은 취미로 야외 활동을 즐겨 하는 반면 고양이를 기르는 사람은 책, 영화 보기 등 실내 활동을 더 선호했다고 합니다. 한 마디로, 개를 기르는 사람들이 사회성이 더 뛰어나고 활발하다는 것입니다.

개를 좋아하는 사람과 고양이를 좋아하는 사람의 차이를 비교한 또 다른 연구결과도 있습니다. 우선 두 집단의 감정 표현 방식이 다르다고 합니다. 고양이를 좋아하는 사람들은 피곤한 감정을 가장 많이 표출하는데, 개를 좋아하는 사람들은 흥분이나 자신감의 감정을 상대적으로 많이 나타냈다고 합니다. 영화 취향에서도 차이를 보이는데 개를 좋아하는 사람들은 〈노트북〉, 〈그레이의 50가지 그림자〉, 〈귀여운 여인〉 등 멜로·로맨스 장르를 더 좋아하는데 비해, 고양이를 좋아하는 사람들은 〈터미네이터〉, 〈배트맨〉, 〈에일리언〉 등 공상과학 영화를 즐겨보는 것으로 조사됐다고 합니다.

미국의 캐롤 대학 심리학과 연구팀의 연구 결과도 있습니다. 대학생 600명을 상대로 설문조사와 심리검사를 진행한 결과, 개를 좋아하는 사람들은 활발하고 사교적인 성격이었고 규범을 잘 지키려는 성향을 보였다고 합니다. 반면 고양이를 좋아하는 사람은 개를 좋아하는 사람보다 내향적이고 기존 규칙에 따르기보다는 나름의 방식을 찾는 스타일이었다고 합니다.

또 개보다 고양이 키우는 걸 선호하는 학생들의 IQ가 더 높게 나왔다고 합니다. 사실 개와 고양이의 IQ는 둘 다 30~40 정도로 비슷한 수준이기 때문에 개나 고양이가 주인의 IQ에 영향을 미친 것이 아니라 똑똑한 사람들이 고양이를 선호한다는 것을 알 수 있었다고 합니다.

이런 연구결과들을 바탕으로 사회성이 떨어지고 친구가 적은 사람들을 고양이파라고 놀리는 사람들도 있습니다. 하지만 이러한 연구결과들은 그저 하나의 재미로 생각해야지, 이를 토대로 마치 '고양이를 기우거나 좋아하는 사람들이 개를 키우거나 좋아하는 사람들과는 다른 부류인 것'처럼 확대해석할 필요는 없습니다. 연구결과를 재미로 받아들이지 못하고 잘못 해석할 경우 고양이를 좋아하는 사람들이 사회성이 낮고, 성격도 별로이며, 규범도 잘 지키지 않은 채 제멋대로인 것처럼 오해할 수도 있기 때문입니다. 다른 동물 보호자들에 비해 고양이 집사들이 더 예민하고 깐깐하다는 이야기도 많이 하는데, 언론보도나 연구결과를 잘못 해석하여 이러한 오해를 가중시킬 필요는 없다고 생각합니다.

저는 어릴 때부터 개를 오랫동안 쭉 키웠다가 지금은 고양이를 키우고 있는데, 고양이를 키운 이후에도 성격이 전혀 바뀌지 않았습니다. 뿐만 아니라 개와 고양이를 같이 키우는 사람도 많기 때문에 위에서 언급한 발표들은 고양이를 키우는 사람들에 대한 오해, 그리고 더 나아가 고양이에 대한 오해를 가중시킬 수 있으므로 그냥 재미로 받아들이시길 바랍니다. 고양이 집사들이 기존 규칙에 따르기보다는 나름의 방식을 찾는 스타일이라는 것도 '규범을 잘 지키지 않는다'라고 안 좋게 해석할 것이 아니라, '더 개성적'이라고 해석하는 것이 좋지 않을까요?

고양이도 외롭습니다

루리가 동물병원에 입원했을 때의 일이었습니다. 단 하루 동안 입원했는데, 제가 면회를 갔더니 입원장 안에서 삶을 포기한 것처럼 가만히 있던 루리가 바로 절 알아보고 애원하듯이 울기 시작했습니다. 마치 "나를 입원장에서 당장 꺼내줘. 빨리 집에 가고 싶으니까."라고 말하는 것처럼 말이죠. 수의사 선생님의 "루리가 주인을 잘 알아보네!"라는 밀쏨에 순간 감동이 몰려왔던 기억이 생생합니다. 하루 종일 밖에 있다가 집에 들어가도 그렇게 저를 반긴 적은 없었는데, 병원 입원장에 있다 보니 제 얼굴이 반가웠나봅니다. 아니, 사실 저보다도 자신의 영역인 집에 가고 싶어서였을지도 모르겠습니다.

고양이는 자기 영역을 중요하게 생각하는 영역동물입니다. 이 때문에 좁은 공간에 너무 여러 마리의 고양이가 있게 되면 서로 싸우거나 스트레스로 인해 다양한 질병이 발생할 수 있습니다. 따라서 각각의 고양이가 자신만의 공간을 가질 수 있도록 집 크기에 알맞은 적정 수의 고양이를 키워야 합니다.

> 너무 좁은 공간에 적정 수 이상의 동물을 키우거나, 여력이 되지 않음에도 불구하고 '동물이 좋다'는 이유로, 혹은 '동물이 불쌍하고 안타깝다'는 이유로 능력 이상의 많은 동물을 돌보려는 사람이 있습니다. 이런 사람을 '애니멀 호더'라고 하며, '애니멀 호딩' 역시 분명한 동물학대입니다. ➔ 더 알아두라냥 ❷

고양이에게 영역이 중요하다고 하여, '고양이는 혼자 있는 것을 좋아하고 외로움을 타지 않는 동물이다'라는 착각은 금물입니다. 입원장에 있던 루리가 저를 그렇게 반겼던 것처럼 고양이도 분명 외로움을 느낍니다. 그런데 주변에서 '고양이는 외로움을 느끼지 않는다'고 생각하는 분들을 참 많이 만나곤 합니다. 우리 어머니도 그 중 한 명입니다. 많은 개를 키워봤던 어머니는 루리를 키운 뒤에 제대로 고양이에게 빠져서, 지금은 주변 사람들에게 고양이를 키워보라고 권유하는 그야말로 고양이 전도사가 되었습니다. 그럴 때 어머니가 꼭 이야기하는 고양이의 장점 중 하나가 바로 '혼자 있어도 되고 외로움을 안 타기 때문에 산책도 필요 없어서 사람이 편하다'라는 것입니다. 하지만 다시 한 번 분명히 강조하지만 '고양이도 외로움을 탑니다'.

우리 어머니 뿐 아니라 많은 사람들이 '고양이는 혼자 잘 있는다'고 생각합니다. 그래서 혼자 사는 분들이 고양이를 많이 키웁니다. 이들 중 상당수는 "개를 키우고 싶었는데 하루 종일 집을 비울 때가 많으니 개가 외로울 것 같아서 고양이를 키우게 됐다."고 말합니다. 그러나 고양이도 분명 외로움을 느끼기 때문에 이런 이유로 고양이를 키우기 시작하는 것은 잘못된 결정입니다. 그렇지만 그분들을 탓하고 싶진 않습니다. 왜냐하면 그렇게 고양이를 키우게 된 건 그분들의 잘못이 아니기 때문입니다. "개를 너무 키우고 싶은데 외로울까봐 혼자 두는 것 때문에 못 키우겠다."고 했을 때, "고양이는 혼자 잘 있고 외로움을 타지 않으니까 고양이를 키워봐라."고 주변에서 조언해줘서 고양이 키우는 것을 결정했을 뿐이니까요. 다시 강조하겠습니다. 고양이도 분명 외로움을 타는 사회적인 동물입니다.

고양이는 사냥 방식이 독립적인 것일 뿐, 고양이 자체가 외로움을 즐기고 혼자 있는 것을 좋아하는 것이 절대로 아닙니다. 고양이를 혼자 둬도 괜찮다고 생각하지 않았으면 합니다. 이러한 잘못된 선입견 때문에 고양이들이 오히려 '조용한 학대'를 당하는 경우가 많다고 합니다. 실제로는 외로운데 사람들이 혼자 있어도 된다고 생각하고 오랜 시간 혼자 두거나 잘 놀아주지 않는 '조용한 학대'를 당하는 것입니다.

실제 야생에서 고양이 세계를 보면 암컷 고양이들은 같이 모여서 서로의 양육을 도와주기도 하고, 한 암컷 고양이가 사냥을 하러 나가면 다른 암컷 고양이들이 사냥 나간 고양이의 새끼를 대신 돌봐주고 지켜줍니다. 출산할 때 산파 역할을 해 주기도 하고 상부상조하면서 새끼들을 함께 공동양육하는 것입니다. 고양이가 사회적인 행동을 보이는 이유는 상호 이타주의적인 유전자 때문일 수도 있고 체온조절이나 새끼 고양이 양육, 또 외부 침입자로부터의 방어에 유리하기 때문일 수도 있습니다.

따라서 고양이를 너무 외롭게 방치하면 여러 가지 증상을 보일 수 있습니다. 대표적인 증상으로는 하루 종일 야옹거리면서 사람을 따라다니며 무언가를 요구하는 것, 구석진 곳에 숨는 것, 식욕이 없는 것, 배변 문제를 일으키는 것, 무기력 등이 있습니다. 이를 분리불안이라고 표현하기도 합니다. 반려견에게만 있을 것 같은 분리불안 문제가 고양이에게서도 생길 수 있음을 꼭 기억하시길 바랍니다.

이러한 문제가 생기지 않도록 고양이와 매일 놀아주세요. 그리고

'동물행동풍부화'의 한 종류인 '환경풍부화'를 통해 고양이의 삶을 흥미롭게 해 주면 더욱 좋습니다. 고양이는 아무것도 해 주지 않고 가만히 둬도 되는 동물이 '절대' 아닙니다.

내 고양이는 충분히 놀고 있을까?

고양이에게 재미없는 환경은 파괴적인 행동, 고양이끼리의 갈등, 활력저하, 불안 등과 같은 문제점을 발생시킬 수 있습니다. 심심한 환경에 지속적으로 노출된 고양이들은 지겨움을 극복하지 못하고 과도한 그루밍, 부적절한 물건 씹기, 과식, 구석에 숨기, 자기학대, 식욕소실, 강박증상 등을 보일 수 있기 때문에 환경풍부화는 꼭 필요합니다. 스트레스로 인한 과도한 그루밍을 했을 때, 심하면 그루밍을 한 부분의 털이 다 빠지기도 합니다.

고양이는 뛰어난 감각을 가지고 태어납니다. 사람이 듣지 못하는 소리도 들을 수 있으며, 귀를 움직여 특정 소리에 집중하기도 합니다. 빛이 거의 없는 어둠속에서도 사물을 꽤 잘 볼 수 있으며,

사람은 맡을 수 없는 냄새를 맡을 수도 있습니다. 특유의 유연함으로 자신의 키보다 5배에서 7배 정도 되는 높이도 단번에 뛰어오를 수 있습니다. 쉽게 말해 고양이는 뛰어난 능력을 가진 '타고난 운동선수'입니다. 단, 체력이 뛰어나지 않기 때문에 달리기로 치면 장거리가 아니라 단거리 선수에 비유할 수 있습니다.

그런데 만약 고양이가 이런 놀라운 능력들을 발휘할 수 없다면 어떻게 될까요? 사실 집에서 사는 많은 고양이들이 자신들의 뛰어난 감각을 활용하지 못한 채 재미없게 살아갑니다. 고양이에게 환경풍부화가 필요한 이유가 바로 여기에 있습니다. 고양이는 활동적이고 활발하게 움직일수록 더 건강해집니다. 근육도 더 잘 활동하고 뼈도 튼튼하게 유지되며, 식욕도 건강하게 유지됩니다. 그리고 이런 고양이가 더 행복하고 자신감도 생깁니다. 정리하자면,

'재미있고 안전한 환경 = 행복하고 자신감 있는 고양이'
'재미없고 지겨운 환경 = 불행하고 스트레스 받는 고양이'

인 것이죠. 고양이가 야생에서 사냥을 할 때면 도파민(Dopamine)이라는 신경전달물질이 분비되어 고양이를 흥분시켜 더 간절하게 사냥에 임하게 만듭니다. 도파민은 사냥감의 냄새를 맡거나 소리를 들었을 때 처음 분비되기 시작하는데, 고양이는 이때 긴장감을 느끼고 자세를 낮추며 동공이 확대됩니다. 고양이는 이러한 '사냥모

드'를 즐깁니다. 혹자는 '고양이의 사냥모드는 마치 어린 아이들이 크리스마스 선물을 뜯어보기 전에 신 나하고 흥분하는 것과 비슷한 상태'라고도 말합니다. 이 같은 기대감이 없다면 고양이는 당연히 우울해하거나 지겨워할 것입니다. 따라서 집고양이라 하더라도 사냥모드가 종종 발휘될 수 있도록 집사들이 노력해야 합니다. 살아있는 새나 쥐를 제공하는 것은 현실적으로 불가능하니 다양한 장난감을 활용하고, 무엇보다 바쁘더라도 시간을 내서 매일 고양이와 놀아줄 필요가 있습니다.

그런데 실제로 고양이 집사들은 자신들의 고양이와 얼마나 놀아주고 있을까요? 충격적이게도 집고양이가 하루에 노는 시간은 고작 1% 수준입니다.

세계적인 동물행동학자인 캐서린 홉 코넬대학교 명예교수에 따르면, 야생에서의 길고양이는 $1km^2$ 공간에 1마리에서 최대 2천 마리까지 살 수 있다고 합니다. 이러한 고양이의 밀집도 차이는 음식 공급에 달려있습니다. 즉, 먹을 것이 많은 곳에서는 고양이가 많이 모여 살게 되고 먹을 것이 없는 곳에서는 $1km^2$에 5마리 이하로 사는 것입니다. 그리고 일반적으로 암컷 고양이가 사냥을 담당하지만, 실제 활동범위는 수컷 고양이가 암컷 고양이보다 3배 정도 넓다고 합니다. 또 고양이끼리 밀집되어 모여 사는 곳의 고양이일수록 사회성도 더 발달한다고 합니다.

	고양이가 하루에 사용하는 시간(%)					
	자는 시간	휴식 시간	그루밍	사냥/놀이	식사	이동 시간
길 고양이	40%	22%	15%	15%	2%	3%
집 고양이	60%	25%	10%	1%	3%	1%

자료: Katherine A. Houpt(코넬대학교 명예교수)

또한 야생에서의 길고양이는 하루에 평균 15%(0~24%)의 시간을 사냥하는 데에 사용합니다. 사냥은 주로 혼자 하며, 한밤중보다 해가 뜰 때나 해가 질 때 더 많이 사냥하는 경향을 보입니다.

그런데 길고양이가 하루 평균 15%의 시간을 사냥하는 데에 사용하는 데 비해 집고양이는 어떨까요? 집고양이가 하루에 노는 시간은 고작 1%에 불과합니다. 집고양이는 사냥하는 시간이 거의 없기 때문에 노는 시간이 적은 대신 자거나 휴식하는 시간이 더 긴 것입니다.

길고양이가 하루 평균 40%를 자는 데에 소비하지만, 집고양이는 60%를 자는 데에 씁니다. 때문에 우리 집 고양이가 할 일이 없어서, 또는 심심해서 잠을 많이 자는 것은 아닌지 고민해 볼 필요가 있습니다. 만약 심심해할만 하다고 느꼈다면, 고양이와 최대한 많이 놀아주어야 합니다. 고양이와 놀아주는 것은 단순히 심심함을 느낄 고양이를 위해서만은 아닙니다. 고양이와 충분히 놀아줌으로써 고양이와 집사간의 정신적인 교감이 이뤄지고, 서로간의 유대감이 강해질 수 있습니다. 이는 고양이에게는 물론, 집사에게도 큰 행복감으로 다가옵니다.

고양이의 행복을 위한 환경풍부화를 알아두세요

고양이를 위한 환경풍부화 방법에는 다양한 장난감을 주는 것과 높이 올라갈 수 있는 공간을 제공하는 것, 고양이와 함께 놀아주면서 많은 시간을 보내는 것 등이 있습니다. ➔ 더 알아두라냥 ❸

장난감을 예로 들어보자면, 먼저 고양이가 스스로 가지고 노는 장난감을 들 수 있습니다. 숨었다가 갑자기 달려가서 사냥하도록 유도하는 장난감일수록 고양이가 더 좋아합니다. 실제로 사냥하는 것 같은 느낌을 받기 때문입니다.

실제로 고양이는 야생에서 사냥할 때 바로 사냥하는 것이 아니라, 우선 사냥감을 향해 곧바로 간 뒤 그 근처에서 자세를 낮추고 기다립니다. 그러고는 사냥을 시도했다가, 다시 자세를 낮추고 기다렸다가 다시 시도하는 방식을 반복하면서 사냥을 합니다. 길고

양이의 사냥 패턴을 분석한 자료에 따르면 쥐를 잡을 때 평균 3번의 시도를 하고, 새를 잡을 때는 평균 5번의 시도 끝에 사냥에 성공하는 것으로 나타났습니다.

　박스나 쇼핑백 등에 종이를 채워서 장난감을 만들어 주는 방법도 있습니다. 캣닙을 채운 인형이나 벽 또는 문을 타고 오를 수 있도록 해 주는 제품도 이용해 볼 수 있습니다. 최근에는 고양이를 위한 전동 장난감까지 등장했는데, 마구 구입하기보다는 하나씩 구입해서 내 고양이가 잘 가지고 노는 지 확인해 볼 필요가 있습니다. 기껏 사줬는데 잘 가지고 놀지 않는다면 쓰레기만 늘어날 수 있기 때문입니다. 사람 귀에는 거슬리지 않는 전동소리가 고양이에게는 위협으로 다가올 수도 있다는 점도 기억해 두면 좋습니다.
　음식을 찾도록 유도하는 장난감도 고양이가 좋아합니다. 원리는 간단합니다. 맛있는 간식이나 사료를 장난감 안에 채워서 고양이가 냄새를 통해 음식을 찾고, 발과 입을 이용해 간식을 꺼내 먹도록 유도하는 방식입니다. 굴리면 간식이 떨어지는 제품도 있고 눌러야 간식이 나오는 제품도 있습니다. 또 퍼즐처럼 장난감을 이리저리 움직여야 하는 제품도 있습니다. 습식사료나 캔 간식을 장난감에 넣은 뒤 얼려서 주면 음식을 꺼내 먹는데 시간이 조금 더 걸리기 때문에, 고양이가 장난감을 가지고 노는 시간을 늘릴 수 있습니다. 꼭 제품을 구입하지 않더라도, 고양이가 자는 동안 간식을 집안 곳곳(구석진 곳부터 높은 곳까지)에 숨겨 놓는 것도 사냥감을 찾는 본능을 일깨워 고양이의 심심함을 덜어줄 수 있는 좋은 방법입니다.

주인과 고양이의 유대감과 친밀감까지 높일 수 있도록 집사가 직접 고양이와 놀아주는 방법도 많습니다. 레이저 포인터를 통해 고양이가 불빛을 잡도록 하는 방법이 대표적입니다. 부리는 레이저 포인터에 거의 미친 듯한 반응을 보이는데, 사람 키 정도 되는 높이에 있는 빨간 점을 잡기 위해 벽으로 점프하기도 합니다. 그런데 나이가 들어가며 이제는 레이저 포인터에도 시큰둥한 반응을 보일 때가 많아 안타까울 뿐입니다.

  레이저 포인터의 빨간 점이 실제로 잡히지 않기 때문에 고양이에게 상실감을 줄 수 있다는 이유로 고양이에게 좋지 않은 놀이 방법이라고 생각하는 사람들도 꽤 있습니다. 하지만 절대 그렇지 않습니다. 레이저 포인터 놀이는 개에게는 추천하지 않는 놀이지만, 고양이에게는 매우 좋은 놀이 방법입니다. 다만 레이저 포인터 놀이를 끝낼 때는 반드시 간식 등으로 보상을 줘서 고양이가 상실감을 느끼지 않도록 하면 좋습니다.

  레이저 포인터 외에도 주인과 고양이가 함께 놀 수 있는 다양한 방법들이 있습니다. 낚싯대를 이용한 놀이도 대표적인데, 시중에 출시된 제품을 구입해서 놀아줘도 되고 꼭 제품을 구입할 필요 없이 줄만 가지고도 고양이와 충분히 놀아줄 수 있습니다. 또 이마 부분을 긁어주는 걸 좋아하는 고양이를 위해 칫솔로 이마를 쓰다듬어주면서 놀아줄 수도 있습니다.

루리는 가끔 식탁 의자에 올라가서 자거나 휴식을 취하는데, 이때 줄이나 수건을 움직이면 식탁 의자에 뚫린 구멍으로 발을 뻗어 그것을 잡으려고 매우 열심히 노력합니다. 이 놀이 방법은 루리가 식탁 의자 위에 있을 때 우연히 후드티를 입고 그 옆을 지나가다가 발견한 것입니다. 루리가 후드 티에 달린 줄을 잡으려고 식탁 의자 구멍 틈으로 갑자기 발을 뻗는 걸 보고 해 본 놀이법이죠. 줄과 식탁 의자 하나 만으로 루리와 5분 이상 충분히 놀 수 있습니다.

이렇듯 동그랗게 말린 종이나 머리 끈, 동전 등의 간단한 소품으로도 같이 놀 수 있습니다. 루리는 특히 유리병 뚜껑을 좋아하는데, 병뚜껑을 거실 바닥에서 한쪽 방향으로 던지면 어딘가에 숨어 있다가도 달려 나와 뚜껑을 이리저리 치며 놉니다. 머리 끈을 가지고 노는 것도 좋아해서 우리 집의 머리 끈이 대부분 사라지기도 했는데, 나중에 어느 날 서랍장 밑에서 대량의 머리 끈이 발견되었죠. 가만히 있는 머리 끈을 혼자 가지고 놀다가 앞발을 들고 사람처럼 서서 끈을 이리저리 가지고 노는 모습을 보면 참으로 신 나 보입니다.

고양이의 환경풍부화에서 '높이'의 중요성도 잊어서는 안 됩니다. 고양이는 높은 곳을 좋아하기 때문에 캣타워 위에 올라가는 것은 물론, 장롱 위나 냉장고 위에도 자주 올라갑니다. 위로 올라가서 스크래치까지 할 수 있는 장소를 많이 만들어 줄수록 고양이의 환경도 풍부해집니다.

  높은 곳에 올라가서 아래를 내려다보는 것 역시 좋아하기 때문에 캣타워를 창문 옆에 설치해 주는 것도 좋습니다. 최근 인터넷 커뮤니티를 이용하다보면 고양이 가구를 직접 만드는 DIY족들이 많아진 것을 알 수 있습니다. 인터넷을 조금만 검색하면 고양이를 위한 가구를 직접 만드는 방법과 후기들을 확인할 수 있습니다. 큰 재료가 필요 없고 어렵지 않게 만들 수 있는 가구도 많으므로, 자신

의 고양이에게 직접 올라가서 놀 수 있는 가구를 만들어 주는 것도 좋을 듯싶습니다. 또 일부러 창문 밖에 새 모이를 줘서 새들이 창문 쪽으로 자주 날아오도록 하는 경우도 있는데, 자신의 고양이에게 볼거리를 제공하기 위한 집사의 눈물겨운 노력이기도 합니다.

최근에는 동물들을 위한 TV방송과 음원들도 속속 출시되고 있는데, 이런 영상/음악을 이용하는 것도 시도해 볼만합니다. 방송 프로그램과 음원들이 각각의 효과를 입증한 자료들을 함께 제공하면서 이용을 권하는데, 실제로 자신의 반려동물에게 사용할지 말지 판단하는 것은 주인의 몫입니다. 이외에도 아로마 향을 이용하거나 고양이가 긴장을 풀고 스트레스를 덜 받도록 도와주는 페로몬 제품 등을 활용해 스트레스를 줄여주는 방법도 조금씩 각광받고 있습니다.

또 하나 언급하고 싶은 방법은 바로 교육입니다. 고양이에게 간단한 교육(앉아, 이리와)을 시킴으로써 심심함을 줄이고 주인과 유대감을 높일 수도 있습니다. 고양이는 교육이 안 된다고 하는 사람들이 많지만, 개에 비해 교육이 어려울 뿐 고양이도 분명 간단한 교육이 가능합니다. 심지어 클리커를 활용한 교육도 할 수 있습니다.

다양한 장난감, 놀이, 주인과의 교감도 중요하지만 고양이가 방해받지 않고 편안하게 휴식할 수 있는 조용한 공간을 제공하는 것도 고양이 환경풍부화에서 빠져서는 안 될 요소입니다. 그 공간은 캣타워가 될 수도, 침대 밑 공간이 될 수도, 박스 안이 될 수도 있습니다. 자신의 고양이가 자거나 쉴 때 자주 가는 곳을 미리 확인하여 그 공간을 더 조용하고 편안하게 느낄 수 있도록 만들어 주면 됩니다. 또한 고양이의 환경풍부화에서 가장 중요한 것은 안전입니다. 아무리 고양이가 좋아하는 환경을 조성해줬다 하더라도 그것이 고양이에게 위험하면 안 되니까요. 고양이를 위해 한 행동이 오히려 고양이를 아프게 할 수도 있습니다. 고양이를 위해 제공해준 장난감을 고양이가 먹고 문제를 일으키는 경우도 있습니다.

고양이도 외로운 동물이므로 다양한 노력을 통해 고양이의 환경을 풍부하게 해 주는 것이 좋다는 것을 설명했습니다. 그렇지만 고양이를 위한 환경풍부화가 고양이에게 피해를 주지 않도록 주의도 함께 기울여야 한다는 것을 명심하시길 바랍니다.

> 고양이가 먹었을 때 특히 위험한 물건이 바로 실처럼 가느다랗고 긴 선형이물입니다. 다른 이물보다 선형이물은 고양이에게 더 큰 문제를 일으킬 수 있으니 많은 주의가 필요합니다.

➡ 더 알아두라냥 ❹

고양이와의 이별, 안락사, 그리고 펫로스 증후군

사실 이 책을 쓰는 동안에 아버지가 세상을 떠나셨습니다. 때문에 책 발간 일정이 늦어지기도 했습니다. 아버지는 10년 전에 위암 진단을 받은 후에 위절제(완전절제)수술을 받고 암 완치판정을 받으셨습니다. 그런데 10년 만에 다른 암이 발병하여 5개월여의 항암투병 끝에 별세하셨습니다. 아버지의 투병과정을 옆에서 지켜보면서 많은 생각을 하게 됐고, 지금 '고양이와의 이별/안락사 부분'에 대해 글을 쓰는 이 순간에도 여러 가지 생각이 머릿속에 가득합니다.

수의학의 발달과 집사들의 노력으로 고양이의 수명도 많이 늘어났습니다. 최근에는 15년 이상은 물론 20년 넘게 사는 고양이도 많아졌습니다. 하지만 아무리 그래도 고양이는 사람보다 오래 살지 못하기 때문에 언젠가는 이별의 순간이 찾아옵니다. 고양이 뿐 아니라 개, 고슴도치 등 다른 반려동물도 마찬가지입니다. 따라서 동물을 키우는 사람들은 자신의 반려동물이 노령화될수록 이별을 차근차근 준비해야 합니다. 반려동물과의 이별 준비는 고양이 뿐 아니라 모든 노령 반려동물을 키우는 분들에게 적용되는 이야기입니다.

우선 특정 질병에 걸리지 않았더라도 반려동물이 나이를 먹어 갈수록 삶의 질을 주기적으로 체크해줘야 합니다. 그래야 질병을 초기에 진단할 수 있고 질병의 진행 과정에 대한 계획도 세울 수 있습니다. 반려동물의 삶의 질(QoL, Quality of Life)을 측정하는 척도는 통증, 식욕, 음수, 위생, 행복감, 운동성, 기력 등입니다. 각각의 7가지 척도를 0점(가장 좋지 않은 상태)에서 10점(가장 좋은 상태)까지 점수화하여 주기적으로 체크하면서 삶의 질을 평가할 수 있습니다. 예를 들어 식욕의 경우, 맛있는 것을 줘도 며칠 째 아무 것도 먹지 않는다면 0점을 주고, 음식과 관계없이 식욕이 좋고 마음껏 충분히 먹으면 10점을 주는 것입니다. 음수의 경우에도 물을 거의 먹지 않아 눈이 움푹 들어가고 소변량도 거의 없다면 0점, 정상적으로 물을 많이 마시고 배뇨 활동에도 문제가 없다면 10점입니다.
이렇게 7개 척도를 총 70점 만점으로 삶의 질을 체크하여 이 점수가 35점 이하일 경우엔 신경 써서 관리해 주어야 합니다. 만약 점수가 지속적으로 떨어지고, 특히 반려동물이 느끼는 통증이 심할 경우 안락사를 고려해야 할 수도 있습니다.

안락사(Euthanasia)는 '좋은 죽임(Good Death)'이라는 뜻의 그리스어에서 유래된 말입니다. 현존하는 그 어떤 수의학적 방법도 동물에게 무의미해지고 반려동물의 고통을 줄여줄 수 있는 유일한 선택이 안락사일 때가 있습니다. 치료를 계속하더라도 반려동물이 회복될 가능성이 없을 때, 그리고 안락사 외에 반려동물이 편안함을 느낄 수 있는 방법이 없을 때, 또 보호자가 생각했을 때 반려동물이 통증에서 벗어나 편안해지고 싶어하는 것 같을 때 안락사를 결정하게 됩니다.

제가 지켜 본 안락사 중 가장 슬펐던 경험은 암에 걸린 골든리트리버 해피의 안락사였습니다. 해피가 느끼는 통증이 너무 크자 담당 수의사와 보호자가 안락사를 결정했고 이어서 안락사 시행 날짜를 정했습니다. 그리고 안락사 당일. 해피의 온 가족이 검은 옷을 입고 동물병원을 찾았습니다. 이들은 안락사가 시행되기 전까지 약 30~40분 동안 해피와 많은 이야기를 나눴으며, 해피와 가족들이 마지막으로 충분한 시간을 보낼 수 있도록 담당 수의사와 실습생이던 저는 잠시 자리를 비켜주었습니다. "해피야, 고생했어. 너랑 함께 해서 행복했어."라는 말에 온 가족이 울었고, 저도 울었고, 수의사 선생님도 함께 울었습니다. 해피 역시 편안한 눈빛으로

가족들에게 "행복했어요. 미안해하지 마세요."라고 말하는 듯 했습니다.

그리고 안락사가 진행되었습니다. 안락사 과정을 설명하자면 바로 안락사 약물을 투입하는 것이 아니라 먼저 환자를 마취시킵니다. 의식을 소실시키고 통증을 느낄 수 없는 상태로 만드는 것입니다. 그리고 뒤이어 심장이나 호흡을 멈추는 약을 혈관으로 투입해 안락사를 시행합니다. 마취된 상태에서도 안락사 약물에 의해 동물이 움직이거나 소리를 내는 경우가 있지만, 이는 뇌의 반응에 불과할 뿐 동물은 마취된 상태이기 때문에 통증을 느끼지 않습니다. 약물 투여 후 몇 십 초 안에 심장과 뇌 기능이 정지되며, 마지막으로 수의사가 청진을 통해 심정지를 확인하면 모든 안락사 과정이 끝납니다.

수의과대학 학생이었던 제가 동물병원 실습 중에 있었던 일이었는데, 예비 수의사로서 안락사를 시행하는 것이 과연 윤리적이고 옳은 행동인지를 고민하기 시작한 계기가 되었습니다.

> 질병, 안락사 및 사고 등으로 사랑하는 반려동물이 죽는 일이 생길 수 있습니다. 이때 반려동물의 사체를 땅에 그냥 묻어주는 분들이 있는데, 사실 이런 행위는 불법입니다. 합법적인 방법으로 사체를 처리해야 한다는 것을 알아두어야 합니다.
>
> ➡ 더 알아두라냥 ❺

사람의 경우 안락사나 존엄사를 허용한 국가도 있지만, 우리나라에서는 금지되어 있습니다. 단, 동물에 대한 안락사는 허용되어 있어 실제로 많은 동물병원에서 안락사가 시행되고 있습니다. 하지만 아무리 수의학적인 판단 아래에서 안락사가 객관적으로 요구되는 상황이라 할지라도, 안락사는 주인과 수의사 모두에게 큰 부담감과 죄책감을 안겨 줍니다.

안락사가 시행될 때 보호자로서 동물 옆에서 끝까지 함께 있어줄지, 아니면 참관하지 않을지를 결정하는 것도 중요합니다. 왜냐하면 안락사 공간에 보호자가 함께 있을 때 반려동물이 더 편안해 할 수도 있지만, 보호자가 너무 슬퍼하고 감정 조절을 하지 못하면 반려동물이 오히려 혼란을 느끼게 되어 안락사 과정에 방해가 될 수도 있기 때문입니다. 또한 사랑하는 동물의 안락사를 눈으로 지켜보는 것이 나중에 정신적인 충격과 상처로 남는 경우도 있습니다.

간혹 보호자들이 안락사를 시행한 뒤에 죄책감을 느끼는 경우가 있습니다. 너무 빨리 안락사를 결정했다고 생각하거나, 이기적인 결정이었다고 후회하거나, 더 열심히 노력했어야 한다는 마음에서입니다. 이런 분들은 "다른 동물병원을 더 찾아다녔어야 하고 치료와 간호에 더 많은 비용과 시간을 썼어야 했다."고 말합니다. 하지만 수의사가 보호자에게 안락사를 권유했을 때는 이미 반려동물에게 해 줄 수 있는 수의학적 처치가 모두 시행된 뒤이며, 삶을 인공적으로 연장시키고만 있는 상태입니다. 따라서 안락사는 삶을 인공적으로 끝내는 것이 아니라 인공적으로 연장시키고 있는 삶을 멈추는 시점을 정하는 것이라고 생각해야 합니다. 오히려 보호자의 욕심으로 반려동물의 고통을 계속 유지시키는 것이 '더 이기적인 행동'이 될 수 있다는 점을 기억해야 합니다.

> 수의사에게도 동물을 안락사하는 것은 큰 부담입니다. 동물의 죽음을 자주 접하는 수의사들은 일반인에 비해서 자살률이 훨씬 높습니다. ➡ 더 알아두라냥 ❻

반려동물을 안락사 또는 먼저 떠나보낸 보호자들이 죄책감에 시달리거나 반려동물의 빈자리를 크게 느껴 상실감을 갖는 경우, 펫로스 증후군(Petloss Syndrome)까지 이어질 수 있습니다. 펫로스 증후군이란 가족처럼 사랑했던 반려동물이 죽은 뒤에 경험하는 상실감과 우울증을 뜻하며, 치료가 필요한 경우도 많습니다. 심할 경우 자살로 이어지기도 합니다. 우리나라에서도 지난 2012년 부산의 한 여성이 펫로스 증후군을 이겨내지 못하고 자살한 사건이 크게 화제가 된 적이 있습니다. ➡ 더 알아두라냥 ❼

심리학자 세르주 치코티(Serge Ciccotti)는 "반려동물이 죽으면, 남자들은 가까운 친구를 잃은 것 같은 슬픔을 느끼고 여자들은 자녀를 잃은 고통을 느낀다."고도 말했습니다. 실제로 반려동물을 잃은 사람들의 3/4이 직장과 사람 관계에서 어려움을 겪는다고 합니다. 반려동물을 잃은 뒤 슬픈 감정이 느껴지는 것은 너무나 정상적이고 당연한 일입니다. 이런 슬픔은 피할 필요가 없으며, 자연스럽게 애도하면서 감정을 시간에 따라 흘려보내는 것이 좋습니다. 결국 시간이 해결해 줄 것이고, 대부분의 사람이 이런 슬픔을 이겨내면서 성숙해질 수 있기 때문입니다. 중요한 것은 죄책감을 가지지 말고 자신만의 방식으로 시간과 여유를 가지고 반려동물을 애도하는 것이며, 만약 혼자서 슬픔을 이겨내기가 힘들 경우 주변에서 도움을 찾는 것도 좋은 방법입니다.

> 반려동물을 잃은 뒤 슬퍼하고 애도하는 것은 절대 부끄러운 일이 아닙니다. 그런데 "동물이 죽었다고 그렇게 슬퍼해?", "그냥 고양이 한 마리 죽은 거야. 새로 사서 키워." 등 주변 사람들의 시선이 보호자들을 더 슬프게 만들고, 펫로스 증후군을 더 악화시킵니다. 따라서 자신이 반려동물을 키우지 않고 동물의 죽음에 사람이 슬퍼하는 것이 이해되지 않는다고 하더라도, 동물을 잃은 슬픔에 고통스러워하는 사람에게 슬픔을 폄하하는 말은 삼가야 합니다. 그런 말 때문에 보호자들은 더 큰 상실감과 죄책감을 느끼게 됩니다.

반려동물의 죽음에 대한 죄책감이 계속 느껴진다면 반려동물에게 미안한 마음을 글로 적은 편지를 읽거나 반려동물을 추모하는 곳에 편지를 갖다 놓는 것도 도움이 될 수 있습니다. 또한 자신의 반려동물에게 잘해주지 못한 것이 계속 마음에 남는다면, 고통 받고 있는 다른 동물을 도움으로써 미안함을 줄여나갈 수도 있습니다. 유기동물보호소에서 봉사를 하거나 동물보호단체에 기부를 하는 방법이 대표적입니다. 또한 자신처럼 펫로스를 겪은 사람들끼리 모여 정기적으로 이야기를 나누고, 자신의 반려동물을 추억하면서 공감하는 시간을 갖는 것도 큰 도움이 됩니다. 정신과 의사나 수의사 등 전문가와 함께 펫로스에 대해 이야기를 나누고 서로 도움을 주고받는 모임들이 있으니 이런 모임에 참석해 보는 것도 추천하고 싶습니다.

우리는 모두 완벽하지 않습니다. 반려동물의 사망 원인이 보호자에게 직접적으로 있을 수도, 그렇지 않을 수도 있습니다. 두 경우 모두 죄책감을 느낄 수 있는데, 이런 죄책감에 잘 대처하지 못하면 오랫동안 고통 받을 수 있습니다. 반려동물의 죽음이 슬픈 것은 당연한 일이기 때문에 부정적인 생각은 하지 말고, 건강하고 능동적으로 슬픔을 극복하시길 바랍니다.

이별,
그리고 새로운 만남에 대하여

새로운 고양이를 입양함으로써 먼저 떠나보낸 고양이에 대한 슬픔을 극복하는 방법도 있습니다. 하지만 이때는 몇 가지 주의사항을 알아두어야 합니다. 이런 주의사항을 지키지 않으면 자칫 두 번째 고양이는 그저 첫 번째 고양이의 대체품이 되어버릴 수 있습니다. 가장 중요한 것은 입양을 서둘러 결정하지 말고, 충분한 시간을 두고 가족 구성원 전체가 함께 고민하면서 결정하는 것입니다. 특히 어린 아이들의 경우 새로운 고양이를 바로 입양하는 것을 '이전 고양이에 대한 배신'이라고 생각해서 새로운 고양이를 미워할 수도 있습니다.

또한, 새로운 고양이를 입양할 때부터 이전 고양이와는 완전히 다른 방식으로 바라봐야 새로운 관계를 형성하고 새로운 추억을 쌓을 수 있다는 것을 알아야 합니다. 그런 면에서 기존 고양이와 다른 품종, 다른 성별, 다른 색깔의 고양이를 입양하는 것이 '이전 고양이의 빈 곳을 채우기 위한 대체품'이 될 확률을 낮출 수 있습니다. 마찬가지로 이전 고양이와 똑같은 이름으로 부르지 말아야 합니다. 또 이전 고양이는 나이가 들어서 이미 가족구성원들의 생활패턴에 적응했을 가능성이 높습니다. 하지만 새로운 고양이는(특히 새끼 고양이일 경우) 새벽에 우다다를 할 수도 있고 시끄럽게 울 수도 있습니다. 이런 과정은 이전 고양이도 겪었던 일이므로, 이런 자연스러운 적응 과정에 대해 '이전 고양이는 안 그랬는데 이번 고양이는 왜 그래'라고 비교하면서 미워해서는 절대 안 됩니다.

　마지막으로 강조하고 싶은 것은 이전 고양이가 죽은 뒤에 새로운 고양이 입양을 고려하지 말고, 고양이를 잃기 전에 미리 새로운 고양이를 입양하는 것을 고려해보라는 것입니다. 고양이가 나이가 들거나 아프다면(새로운 고양이를 키울 생각이 전부터 있었다면), 미리 새로운 고양이의 입양을 생각하고 준비하는 것이 현명한 방법이 될 수도 있습니다.

1 고양이에게는 정기건강검진이 꼭 필요해요

사망한 고양이 100마리를 부검해 본 결과, 그 중 절반인 50%에서 췌장에 염증이 발견됐다는 보고가 있습니다. 췌장염은 굉장히 큰 통증을 유발하기 때문에 사람이나 개였다면 구토나 설사 등의 증상과 통증을 보였을 텐데, 거의 대부분의 고양이들은 췌장염이 있어도 무증상인 경우가 많다고 합니다. 또 고양이는 통증을 잘 표현하지 않는 경향이 있습니다. 그래서 고양이가 실제로 많이 아픈데도 불구하고 주인이 이를 발견하지 못하기도 합니다.

그렇기 때문에 고양이는 어쩌면 개보다 더더욱 정기적인 건강검진이 필요한 동물이라고 할 수 있습니다. 고양이에게 1년이라는 나이는 사람에게 4~8년에 해당하는 긴 시간입니다. 즉, 고양이에게 1년에 한 번씩만 건강검진을 해 줘도 사람으로 치면 4~8년에 한 번 건강검진을 받는 꼴인 것입니다. 사람의 경우에도 40세 생애전환기를 기준으로 매년 정기적인 건강검진을 받는 걸 추천받고 있는데, 고양이는 이보다 더 자주 건강검진을 해 줄 필요가 있습니다. 그건 왜일까요?

저는 예전에는 고양이 보호자들에게 '1년에 한 번 생일을 기념해서 생일 선물 겸 건강검진을 시켜주라'고 이야기했습니다. 하지만 지금은 40세를 넘어선 사람이 4년 혹은 8년에 한 번씩 건강검진을 받는다고 생각해 보면 불충분하다는 판단이 듭니다. 10~15년, 최근에는 20년 이상 사는 고양이들도 많습니다. 그런데 꼭 기억해야 하는 점은 고양이들이 15년을 사는 동안 사람에게 평생 올 수 있는 질병 대부분이 고양이들에게도 올 수 있다는 점입니다. 그렇기에 고양이는 1년에 한 번 이상 건강검진을 하는 것이 좋습니다. 실제로 1년에 한 번씩 제대로 된 건강검진을 받던 한 수의사의 고양이가 심각한 질병으로 목숨을 잃은 적이 있습니다. 그 수의사는 "경험에 비춰서 강력하게 추천한다. 1년에 한 번의 건강검진은 부족하다. 적어도 1년에 두 번은 건강검진을 받아야 한다. 모두 나 같은 후회를 하지 말길 바란다."고 보호자들에게 말했습니다.

사람은 건강검진을 하고 나서 몸에 이상이 없으면 다행이라고 생각하고 결과에 감사하죠. 그런데 일부 집사들은 고양이가 건강검진 결과 아무런 이상이 없으면 수의사에게 "아프지도 않은 애를 왜 건강검진 하라고 해서 돈 쓰게 만들고 스트레스 받게 만드느냐."라며 따져 묻기도 합니다. 하지만 건강검진은 수의사들의 돈 벌이를 위해 필요한 것이 아니라 고양이의 질병 예방과 조기 진단을 위해 필요한 것이라는 것을 알아두어야 합니다. 뒤늦게 질병을 발견하여 비싼 진료비를 지불하고 치료를 받거나, 아니면 위 수의사의 경험처럼 치료도 제대로 해 보지 못하고 사랑하는 고양이를 떠나보낼 수도 있다는 점을 기억해야 합니다.

집고양이를 기준으로, 고양이가 만 6살이 되면 사람의 생애전환기인 40세와 비슷한 나이가 됩니다. 고양이가 6살이 넘어가는 이 시점을 기준으로 건강검진을 매년 최소 2번 정도는 해 주는 건 어떨까요?

🐱 2. 새로운 형태의 동물학대, 애니멀 호딩(Animal Hoarding)

고양이 집사들은 개 보호자에 비해 '동물을 2마리 이상 기르는 경우'가 더 많기 때문에 특히 주의해야 할 점이 있습니다. 바로 새로운 형태의 동물학대인 '애니멀 호딩'에 관한 것입니다. 호딩(Hoarding)은 사재기, 축적이라는 뜻으로, 애니멀 호딩은 말 그대로 동물을 사재기하는 걸 뜻합니다. 자신이 관리할 수 있는 능력 이상으로 많은 동물을 키우면서 그 동물들에게 필요한 최소한의 관리를 해 주지 못하는 새로운 형태의 동물 학대입니다. 물론 많은 동물을 키우더라도 충분히 넓은 공간에서 제대로 된 관리를 해 준다면 호딩으로 볼 수 없습니다.

애니멀 호딩의 사례는 정말 무수히 많은데, TV에 이런 사건이 소개된 적이 있습니다. 그때 소개된 사건은 3살 딸의 밥까지 뺏어서 키우는 강아지들에게 주는 한 애니멀 호더의 이야기였습니다. 마당, 지하실, 집 안이 온통 개들에게 점령되어 있고 3살짜리 어린 딸아이는 제대로 먹지 못해 저체중 상태에 빠진 심각한 사건이었습니다. 또 몇 년 전에는 한 아파트에 거주하는 50대 여성이 수십 마리의 고양이를 보호하다가 제대로 관리하지 못해 30여 마리의 고양이가 죽어서 사체로 발견된 끔찍한 사건도 있었습니다. 당시 그 여성의 집은 고양이의 배설물과 신문지 등으로 매우 더러웠고 악취도 심해 이웃 주민들의 불만도 많은 상황이었습니다. 이 외에도 12평집에 40여 마리의 고양이를 보호했던 두 자매 사건이 화제가 된 바 있습니다. 이 자매는 처음에 4마리의 고양이를 키우기 시작했지만 중성화수술을 하지 않아 4년 만에 새끼가 폭발적으로 늘어나 개체수가 40마리 이상이 된 것입니다. 결국 동물보호단체가 나선 뒤 문제가 해결될 수 있었습니다.

애니멀 호더는 애니멀 호딩을 하는 사람들을 일컫는 말인데, 다음과 같은 특징을 보이는 경우가 많습니다. ▲스스로 동물을 위하고 있으며 아무 문제가 없다고 생각한다. ▲상황이 나빠지더라도 사육수를 늘리는 데만 집착한다. ▲자신 이외에 이 동물들을 잘 돌볼 수 있는 사람이 없다고 생각한다. ▲동물에 대한 집착이 매우 강하다. 특히 호더 중에는 신체적, 정신적 장애를 가지고 있는 경우가 많습니다. 또 사설 유기동물보호소 중에서도 보호소 소장이 호더의 모습을 보이는 경우가 종종 있습니다. 이런 보호소의 경우 의료봉사, 미용봉사, 일반봉사와 함께 소장에 대한 정신적인 치료 봉사도 함께 진행되어야 할 것입니다.

애니멀 호딩은 사랑 표현 방식이 아니라 이기심과 잘못된 소유욕에서 비롯된 동물학대입니다. 현재 우리나라의 경우 동물은 개인의 사유재산처럼 여겨지기 때문에 주인이 소유권을 주장한다면 애니멀 호딩을 처벌하거나 막기가 쉽지 않습니다. 따라서 호더에 대한 처벌 및 호딩 방지를 위한 법적 장치 마련도 필요합니다.

일반 시민들도 반려동물의 입양과 추가입양을 고려할 때 내가 정말 정신적, 경제적, 육체적으로 이 동물을 잘 돌볼 수 있는지 꼭 진지하게 생각해봐야 합니다. 진지한 고민 없이 무턱대고 반려동물을 입양하게 되면 사람과 동물 모두에게 큰 상처가 될 수 있다는 사실을 기억하시길 바랍니다.

3 동물행동풍부화와 환경풍부화

동물원에 가서 사육되고 있는 동물들의 특이한 행동을 목격한 사람이 많을 것입니다. 곰이 좌우로 계속 왔다 갔다 한다든지, 고개를 끊임없이 좌우로 돌린다든지, 팔을 들어올렸다가 내렸다를 반복하는 등의 행동 말입니다. 이런 행동들은 전부 삶의 활력소가 없어서 발생하는 일종의 강박행동이며 흔히 '정형행동'이라고 부릅니다.

강박행동은 여러 가지 형태로 나타나는데, 자신의 꼬리나 팔을 물거나 자신의 털을 뽑는 경우도 있고 자신의 자식을 죽이거나(카니발리즘) 유아를 포기하고 새끼를 버리는 경우도 있습니다. 야생에서는 스스로 사냥을 하고 원할 때 놀고 자고 쉴 수 있지만, 동물원에서는 사냥을 할 필요도 없이 때가 되면 먹이를 주고 낮에는 시끄럽고 귀찮게 하는 사람들에게 시달릴 뿐만 아니라 밤에는 사육사로 돌아와서 자는 생활이 반복되다 보니 삶의 흥미를 잃어버리는 것입니다. 최근 동물원에서는 이러한 문제를 해결하기 위해 동물행동풍부화 프로그램을 진행하고 있습니다.

동물행동풍부화(animal behavioral enrichment)란 동물원 및 수족관과 같이 사육 상태에 있는 동물이 제한된 공간에서 보이는 무료함과 비정상적인 행동 패턴을 줄여주고, 야생에서 보이는 건강하고 자연스런 행동이 최대한으로 나타날 수 있도록 도움을 주는 모든 프로그램을 의미합니다. 동물 진료는 동물에게 문제가 생긴 이후에 그것을 교정하는 일인데, 정형행동은 한 번 생기면 교정하기가 어렵습니다. 하지만 동물행동풍부화와 전시환경 개선, 긍정강화 훈련 등은 전시 동물에게 문제가 생기기 전에 예방하는 것이기 때문에 아픈 동물을 치료하는 것보다 더 중요합니다. 우리나라에서도 서울동물원이 동물원 동물의 복지를 위해 10년 이상 동물행동풍부화 프로그램을 운영했으며 사육환경 개선, 긍정강화 훈련 등 다양한 노력을 기울이고 있습니다.

그런데 이런 동물행동풍부화는 비단 동물원이나 수족관의 동물에게만 필요한 것은 아닙니다. 집고양이에게도 필요합니다. 동물행동풍부화에는 사회성풍부화, 인지(놀이)풍부화, 환경풍부화, 감각풍부화, 먹이풍부화 등 총 5종류가 있고, 이 중 두 가지 이상의 풍부화가 동시에 이루어질 수도 있는데 고양이에게는 특히 환경풍부화(environmental enrichment)가 중요합니다.

4 선형이물의 위험성

고양이가 다른 이물과 달리 선형이물을 삼켰다면 문제가 더 심각해집니다. 특히 실 같은 선형이물이 장까지 내려갔다면, 장이 기다란 이물을 아래로 내려 보내기 위해 장운동을 하다가 장이 구불구불하게 꼬이는 경우가 많습니다. 이 경우에는 장 절개술, 장문합술 등 수술이 필요할 수 있으므로, 호기심이 많은 고양이의 주변에 실 모양의 선형 물질을 두지 않도록 주의가 필요합니다. 또한 실이나 끈처럼 기다란 장난감으로 놀아줄 때도 주의가 필요합니다.

5 올바른 반려동물 사체 처리 방법

반려동물이 죽었을 때 이를 그냥 땅에 묻거나 임의로 소각하는 사람들이 있습니다. 그런데 안타깝지만 반려동물 사체를 그냥 땅에 묻거나 태우는 것, 그리고 유골을 아무 곳에나 뿌리는 것은 모두 불법입니다. 반려동물의 사체는 폐기물관리법에 의해 생활폐기물 혹은 의료폐기물로 처리되도록 규정되어 있습니다. 따라서 반려동물의 사체가 발생하면 생활폐기물처럼 쓰레기봉투에 담아 폐기하거나, 아니면 아예 동물병원에 맡겨 의료폐기물로 처리되도록 해야 합니다. 이 외에도 또 다른 방법이 있습니다. 바로 동물장묘시설(화장 납골 시설)을 이용하는 것입니다. 2016년 1월 동물보호법 시행규칙이 개정되어 등록된 동물장묘시설로 가는 동물의 사체는 폐기물로 보지 않게 되었습니다. 전국에 등록된 동물장묘시설은 총 10여 곳이므로 잘 알아보고 반려동물 화장을 이용하는 것도 좋은 방법입니다.

6 동물의 죽음은 수의사에게도 고통입니다

2009년 영국에서 발표된 한 논문에서는 '수의사의 자살과 우울증 유병률이 높다'는 보고를 인용했습니다. 또한 동물학자이자 작가인 사이 몽고메리(Sy Montgomery)는 최근 미국의 한 일간지에 〈왜 많은 수의사들이 자살을 택하는가?〉라는 제목의 기고문을 게시했습니다. 몽고메리는 기고문에서 '동물을 사랑하는 사람들에게 가장 고귀한 직업으로 여겨지는 수의사들이 높은 비율로 우울증을 앓고 자살을 결심한다는 사실에 충격을 받았다.'고 적었습니다. 2014년 미연방 질병관리본부가 임상 수의사 1만 명을 대상으로 설문조사를 실시한 결과, 6명 중 1명이 자살을 고려해 본 적이 있다고 밝혔으며 영국수의사회가 발행하는 잡지에서도 '수의사의 자살률이 치과의사나 다른 의사보다 두 배 이상'이라고 전한 바 있습니다.

그렇다면 수의사들의 자살률이 높은 이유는 무엇일까요? 수의사들은 단순히 동물 환자만 치료하는 것에서 그치지 않고 동물의 아픔과 고통까지 주인에게 설명해야 합니다. 즉, 아픔과 고통의 크기를 측정하는 데에 그치지 않고 이를 표현해야 하는 것입니다. 또한 치료에만 집중하는 것 뿐 아니라 이를 주인에게까지 설명해야 합니다. 즉, 의사-환자 관계에 '보호자(주인)'와의 관계가 하나 더 추가되기 때문에 다른 의사보다 고통이 더 크다는 것입니다. 하지만 무엇보다도 사람에게는 허용되어 있지 않은 안락사를 자주 접하는 것이 제일 큰 원인입니다. 동물도 분명한 생명이지만, 사람과 달리 치료비 부담에 따른 안락사 요청을 보호자가 할 수 있고, 경우에 따라 수의사는 그 요청에 응해야만 합니다. 생명을 살리기 위해 수의사가 됐지만 안락사라는 이름으로 자신이 직접 생명을 끊는 행위를 계속 하다보면 죽음을 '고통에서 해방되는 수단'으로 바라보게 되고, 문제와 고통을 해결하는 '해결책'으로 생각하기 쉬워집니다. 실제로 많은 수의사들이 동물의 죽음을 지속적으로 경험하고 안락사를 시행하면서 큰 스트레스를 받고 있고, 안락사를 통해 동물의 고통이 끝나는 걸 바라보면서 자신도 자살을 고민하는 일이 생기게 됩니다. 반려동물 뿐 아니라 가축전염병이 발생했을 때 대

규모 안락사 또는 살처분을 시행하는 수의사(가축방역관)들도 큰 스트레스를 받아 외상후스트레스장애(PTSD)를 겪기도 합니다.

사람 뿐 아니라 동물도 펫로스에 슬퍼해요

반려동물 혹은 사람이 사망했을 때 사람 뿐 아니라 반려동물도 사람처럼 슬픔을 겪고 심지어 우울증을 겪을 수도 있습니다. 반려동물이 슬픔을 겪을 경우 식욕이 없어지고 초조해하거나 과도한 울음을 보이며 잠을 제대로 못잘 수 있습니다. 이러한 행동이 일시적이라면 '자연스러운 애도 과정'이라고 판단하면 됩니다. 일반적으로 동물들은 2~6주 정도 슬퍼하는데, 심할 경우 6개월까지 지속되기도 합니다.

특히 동거하던 다른 반려동물이 죽은 경우 심한 우울증과 무기력증에 빠질 수 있는데, 이럴 때는 주인의 역할이 중요합니다. 남은 반려동물에게 더 많은 관심과 애정을 쏟아주고 시간을 더 많이 함께 보내줘야 합니다. 죽은 반려동물의 채취가 남은 물건을 주는 것도 도움이 됩니다. 단 주의할 점은 너무 지나친 관심과 사랑은 남은 반려동물에게 나쁜 습관을 남길 수도 있다는 점입니다. 남은 고양이에게 간식이나 캣닢을 더 자주 주면서, 또 장난감으로 놀아주면서 슬픔 극복에 도움을 줄 수 있지만 일관성을 유지해야 함을 잊으면 안 됩니다. 그렇게 일관성을 유지하면서 시간을 함께 보내면 마침내 남은 반려동물도 슬픔을 극복하고 정상적인 생활패턴으로 돌아올 것입니다.

고양이님, 저랑 살 만하신가요?

초판 1쇄 발행 2017년 6월 20일
초판 3쇄 발행 2018년 8월 25일

지은이 이학범
일러스트 영수
펴낸이 이지은 **펴낸곳** 팜파스
기획편집 박주혜
디자인 조성미 **마케팅** 정우룡
인쇄 (주)미광원색사

출판등록 2002년 12월 30일 제 10-2536호
주소 서울특별시 마포구 어울마당로5길 18 팜파스빌딩 2층
대표전화 02-335-3681 **팩스** 02-335-3743
홈페이지 www.pampasbook.com | blog.naver.com/pampasbook
이메일 pampas@pampasbook.com

값 14,800원
ISBN 979-11-7026-167-4 (13490)

ⓒ 2017. 이학범

· 이 책의 일부 내용을 인용하거나 발췌하려면 반드시 저작권자의 동의를 얻어야 합니다.
· 잘못된 책은 바꿔 드립니다.

이 도서의 국립중앙도서관 출판시도서목록(CIP)은 서지정보유통지원시스템 홈페이지(http://seoji.nl.go.kr)와 국가자료공동목록시스템(http://www.nl.go.kr/kolisnet)에서 이용하실 수 있습니다.(CIP제어번호: CIP2017012944)